Melba Colgrove/Harold Bloomfield/Peter McWilliams
Liebeskummer ist so schön

Die Wunden der Seele
werden verheilen.

Vertrauen Sie auf diesen Prozeß.
Lassen Sie ihn geschehen.
Fügen Sie sich.

Vertrauen Sie auf die Natur.
Der Schmerz wird abklingen.
Dann werden Sie stärker, glücklicher,
sensibler und bewußter sein.

Sie haben sich entschieden
zu überleben.
Herzlichen Glückwunsch!
Wir grüßen Sie.

Wir widmen dieses Buch

Dem Schönen dieser Welt.

Meinem Vater, der starb, als ich vier Jahre alt war. Sein Tod bedeutete für mich einen erschütternden Verlust. Meiner Mutter, meinen Großeltern und all den anderen Einsichtigen, die mir, damals wie heute, helfen, zu überleben und mich weiter zu entwickeln.

Meiner Tochter Bliss, ihrem Ehemann Joe und ihrer besten Freundin Nancy.

Meinen beharrlichen Helfern Peter, Susie, Carolyn, Carl, G.S. Khalsa, M.D., Frank Greene, M.D., Gay und David Williamson und der Familie Miesel.

Melba

Meiner Frau Sirah, Tochter Shazara, Mutter Fridl, Schwester Nora und dem teuren Freund Robert, die mir mit ihrer Liebe und Unterstützung geholfen haben, nicht nur zu überleben, sondern auch glücklich zu werden.

Meinen mutigen Klienten, die mir so vieles über das Überleben, das Heilen und das persönliche Wachstum beigebracht haben.

Maharishi Mahesh Yogi, der mein Leben durch die Transzendentale Meditation bereichert hat, zu einem Zeitpunkt, als ich es am meisten brauchte.

Meinem lieben Peter und Melba, die mich reich beschenkt und mit mir zusammen gelernt haben.

Harold

Für Melba und Joan und Ginny, für Mom, J-R und für alle, die nach mir überleben werden.

Danke

Peter

Inhalt

DEN VERLUST BEGREIFEN

Ich finde
ich verlor.

Wenn Sie in diesem Augenblick von einem Verlust betroffen sind und sofort emotionale Hilfe brauchen, schlagen Sie die Seite 36 auf. Holen Sie die Lektüre dieser einleitenden Seiten nach, wenn Sie Zeit dazu haben.

Ein Verlust findet auch in übergeordneten Dimensionen statt. In der Natur sind Verluste ein essentielles Element der Schöpfung. Wenn Rosen erblühen, gehen die Knospen verloren; wenn Pflanzen sprießen, der Samen; wenn ein neuer Tag anbricht, geht die Nacht dahin. Immer ist ein Verlust die Grundvoraussetzung für eine Re-Kreation.

Im menschlichen Leben ist es nicht anders. Wenn man ein Ziel erreichen möchte, müssen die Verluste, die damit verbunden sind, in Kauf genommen werden.

Wenn wir uns dies vor Augen führen, wird es uns leichter fallen, die unterschiedlichen Verluste, die das Leben mit sich bringt, näher zu betrachten.

Schmerzliche Verluste

* der Tod eines geliebten Menschen
* das Ende einer Liebesbeziehung
* Trennung
* Scheidung
* Kündigung
* finanzielle Einbußen
* Raub
* Vergewaltigung oder andere brutale Verbrechen

Weniger einschneidende Verluste

* Umzug
* Krankheit
* Schulwechsel, Lehrerwechsel
* Erfolg (Ende der Anstrengung)
* Verblassen eines Ideals
* Aufgabe eines langgehegten Zieles

Verluste in verschiedenen Lebensabschnitten

* Kindheitsträume
* Verlust eines geliebten Haustieres
* enttäuschte Jugendliebe
* Schulabgänge
* Auszug aus dem Elternhaus
* Verlust der »Jugend«
* Verlust der »Schönheit«
* Verlust der Haare oder Zähne
* Nachlassen des Sexualtriebes (oder schlimmer noch: der Trieb bleibt erhalten, man kann ihn aber nicht mehr befriedigen)
* Wechseljahre
* Pensionierung

Mögliche Verluste

(Ist es zu Ende oder nicht? Wird es gut ausgehen oder
schlecht?)

* Warten auf die Ergebnisse einer ärztlichen Unter-
suchung
* Scheidung oder nicht (solange man sich zu keinem
Entschluß durchringen kann)?
* Freund, Partner oder Verwandter, die »verschwunden« sind
* nach einem ernsthaften Streit
* geschäftliche Verhandlungen, deren Ausgang noch
ungewiß ist
* Rechtsstreitigkeiten
* Verkauf des Hauses oder der Wohnung

Mögliche Verluste empfindet man oft so:

Das Haus meines Lebens ist
über mir zusammengestürzt
viele Male
aus vielen Gründen
meist wegen anderer

doch überwiegend hatte ich Glück
es traf mich ein riesiges Stück am Kopf
und machte mich unempfindlich
gegen Schmerz und Trostlosigkeit
so habe ich überlebt
und lebe erneut um zu lieben

es ist ein mühsames Unterfangen
den Schutt des Lebens beiseite zu räumen
weil du zu diesem Leben gehörst
– vielleicht nicht mehr wirklich
weil du es verlassen hast
– wenn auch nicht gänzlich

Situationen, in denen man nicht weiß, ob man einen Verlust erleiden wird oder nicht, können die schlimmsten
sein. Selbst wenn sich im Endeffekt alles zum Guten
wendet (der Mann kehrt heil aus dem Krieg zurück, die
Geliebte ruft an und schwört ewige Liebe): solange man
im Zweifel ist, erlebt man einen Verlust, dem entsprechend begegnet werden sollte.

»Nichts wissen« kann die größte Qual sein.
Wenn Sie im Zweifel sind – und Ihr Instinkt sagt
Ihnen, wenn keine Hoffnung besteht –, ist es bes-
ser, dieser Qual ein Ende zu setzen. Unterrichten
Sie den Betreffenden telefonisch oder in einem
Brief von Ihrer »Kündigung«, und widmen Sie
sich dem Überleben, dem Heilen und Wachsen.

Ich komme gut zurecht – allein
besser jedoch – zusammen
wirklich schwer aber tue ich mich
im Zustand des
Halb-Zusammen-Seins

ich unternehme viel
wenn ich einsam bin
von Liebe beflügelt
mache ich noch weitaus mehr
wenn Zweifel mich plagen
bringe ich mein Leid zu Papier
in gigantischen Passionsspielen
Wunder und Opfer
Kreuzigung und Wiederauferstehung
inbegriffen

komm und bleib
oder
bleib weg

denn
diese leidenschaftlichen Ergüsse
verwandeln sich in ein schweres Kreuz
das es zu tragen gilt

Unvermeidbare Verluste

Verluste, die durch Tod oder Trennung herbeigeführt werden, sind unvermeidlich. Besteht die Möglichkeit, sich frühzeitig damit auseinanderzusetzen, wird Ihnen dies helfen, Ihre Situation mit dem Menschen zu erörtern, der Sie verlassen wird.

Sind Sie der- oder diejenige, der/die geht, sprechen Sie mit den Zurückbleibenden.

Beteiligen Sie sich aktiv an den Entscheidungen, die getroffen werden müssen.

Äußern Sie Ihre Wünsche.

Andere Verluste

Auch eine zeitweilige Trennung ist ein Verlust, selbst wenn man davon ausgehen kann, daß sie gute Ergebnisse zeitigen wird: Die Kinder verlassen die Stadt, um ihre Ausbildung woanders fortzusetzen, der Partner macht allein eine längere Reise oder muß zum Militär, um nur einige Beispiele zu nennen.

Selbst auf dem Weg zum Erfolg sind wir gewissen Verlusten ausgesetzt – aufgrund von Veränderungen, die nötig werden, wenn man Karriere machen will. Oder man sieht sich gezwungen, ein angestrebtes Ziel aufzugeben – auch das ist ein Verlust.

Darüber hinaus gibt es unzählige »Mini-Verluste«, denen wir im Verlauf eines Tages, einer Woche, eines Monats oder eines Lebens ausgesetzt sind und die uns traurig stimmen können. Oft genügt schon eine Reifenpanne oder ein Streit, daß man sich scheinbar »grundlos« deprimiert fühlt.

Dich aufzugeben
mein Gott
was für ein herrliches Gefühl
der Freiheit

kein Warten mehr auf
Briefe
Telefonanrufe
Postkarten
die ohnehin nie kamen

keine kreative Energie
vergeudet in Briefen die
niemals abgeschickt wurden
und
nach einer Weile
hört der Wahnsinn auf
kann man wieder schlafen

ein neues Glück
ein neues Leben
ich brauchte dich nur aufzugeben

aber das war kein
Kinderspiel

Jeder dieser überraschenden oder erwarteten, schmerzlichen oder weniger schmerzlichen Verluste bedeutet eine emotionale Wunde, einen Angriff auf den Organismus.

Was empfindet man bei einem Verlust?

Ein Verlust verursacht nicht nur spürbaren Schmerz, Traurigkeit und Niedergeschlagenheit, sondern ruft auch andere körperliche oder seelische Reaktionen hervor.

Man fühlt sich hilflos ausgeliefert, ängstlich, ausgebrannt, verzweifelt, ist voller Pessimismus und Zorn, empfindet Schuld, Nervosität, wird leicht reizbar.

Es fehlt einem an Konzentrationsfähigkeit, Hoffnung, Antriebskraft und Energie.

Schlaf- und Eßgewohnheiten, sogar die Libido können sich verändern. Man wird leichter müde, macht Flüchtigkeitsfehler, neigt dazu, langsamer zu sprechen und sich zu bewegen.

Nach einem Verlust müssen Sie mit diesen und anderen Reaktionen rechnen. Machen Sie sich darüber keine Sorgen, sie gehören zum natürlichen Heilungsprozeß. Fügen Sie sich in diese Veränderungen; versuchen Sie nicht, dagegen anzukämpfen.

Wenn Sie keinen »besonderen« Verlust erlitten haben und trotzdem einige dieser Reaktionen an den Tag legen, wäre es vielleicht ratsam, sich Ihre jüngste Vergangenheit näher zu betrachten, ob nicht doch ein Verlust stattgefunden hat, den Sie sich nur nicht einzugestehen trauen.

In diesem Fall haben Sie vielleicht Lust, die eine oder andere Anregung aus diesem Buch aufzugreifen. Ihr Körper und Ihr Verstand sind bereits in den Heilungsprozeß eingetreten.

Die Stadien der Genesung

Von einem Verlust erholt man sich in drei verschiedenen, ineinander übergehenden Stadien:
* Schock/Verweigerung/Betäubung
* Angst/Wut/Depressionen
* Verstehen/Annehmen/Handeln.

Jedes dieser Stadien ist
* nötig
* natürlich
* Bestandteil des Heilungsprozesses.

Schock, Verweigerung, Betäubung sind das erste Stadium der Erholung.

Wir weigern uns, zu glauben oder zu begreifen, was uns widerfahren ist.

Unser Verstand ist nicht bereit, den Verlust zu akzeptieren.

Oft sind unsere ersten Worte ein fassungsloses »Was?« oder ein panisches »O nein!«.

Dann verdrängen wir, daß wir einen Verlust erlitten haben, und sind jedesmal wieder überrascht, wenn wir uns daran erinnern. (Dies kommt besonders häufig in der Frühe, nach dem Aufwachen vor.)

Inzwischen aktiviert der Körper seine natürlichen Schutzmechanismen: Schock und Betäubung.

Die Furcht eines Tages heimzukommen und
dich nicht mehr vorzufinden
ist
schmerzerfüllte
Wirklichkeit geworden

was werde ich tun wenn es passiert
habe ich mich oft gefragt

was werde ich tun
jetzt
da es geschehen ist?

Angst, Wut, Depressionen kennzeichnen das zweite
Stadium der Erholung.

Regen
es
regnete
ich
fiel
es
regnete
ich
liebte
es
regnete
ich
verlor
es
regnete
ich
liebte
ich
regnete
Regen

Morgen
wir wachen auf & kuscheln

Nachmittag
ein Telefongespräch

Abend
ein brutales Adieu am Flugplatz

Nacht
o mein Gott – o mein Gott
Trauer – wieder einmal

*

ich weiß es war an der Zeit
uns zu trennen
aber heute?
ich weiß ich muß da durch
aber heute abend
?

Und schließlich: Verstehen/Annehmen/Handeln.

Wir haben überlebt.

Unser Körper ist auf dem Weg der Genesung.

Unser Verstand akzeptiert, daß ein Leben ohne den oder
das, was wir verloren haben, möglich ist.

Wir schlagen ein neues Kapitel auf.

Die Sonne wird aufgehen
schon in wenigen Minuten

das tut sie schon
solange ich mich erinnern kann
regelmäßig

vielleicht sollte ich meine Hoffnungen
auf solche wichtigen
oft nicht wahrgenommenen
Gewißheiten konzentrieren

und nicht auf etwas
so relativ Triviales wie
ob du mich jemals lieben wirst oder nicht

Was mache ich nun
da du weg bist?
wenn sich nichts tut
und das ist ziemlich oft
dann sitze ich in einer Ecke und weine
bis ich nichts mehr fühle
gelähmt und starr für eine Weile
nichts bewegt sich
nicht in mir
nicht um mich herum
dann denke ich
wie sehr ich dich vermisse
dann fühle ich
Furcht
Schmerz
Einsamkeit
Trostlosigkeit
dann weine ich
bis ich nichts mehr fühle
was für ein
interessanter Zeitvertreib

Diese drei Stadien der Genesung machen wir durch, unabhängig davon, was wir verlieren.

Ein Verlust ist ein Verlust, gleichgültig, welche Ursache er hat.
Wenn uns etwas genommen wird, was wir lieben – ein Mensch oder ein Gegenstand –, so ist dies ein Verlust.

Die Intensität der Gefühle und die Dauer des Heilungsprozesses sind bei jedem und von Fall zu Fall unterschiedlich.

Je größer unser Verlust ist
* desto intensiver erleben wir die einzelnen Stadien der Genesung
* desto länger brauchen wir, um von einer Stufe zur nächsten zu gelangen.

Bei kleineren Verlusten durchläuft man die drei Stadien der Genesung in nur wenigen Minuten. Bei großen Verlusten kann es Jahre dauern.

Körper, Verstand und Gefühle verfügen über enorme Weisheit. Sie wissen, wie sie heilen und wie lange sie dafür brauchen werden.

Geben Sie ihnen, was sie zur Genesung brauchen.

Vertrauen Sie auf den Heilungsprozeß.

ÜBERLEBEN

Donnerstag:
in Liebe ertrinken

Freitag:
in Zweifel ertrinken

Samstag:
ertrinken

Sonntag:
lieber Gott – ich schaffe es
einfach nicht bis zur Kirche
bitte
mache einen Hausbesuch

1

Sie werden überleben

Sie werden sich erholen. Daran besteht keinerlei Zweifel.

Der Heilungsprozeß hat einen Anfang, eine Mitte und ein Ende.

Denken Sie von Anfang an daran, daß es ein Ende gibt. Es ist näher, als Sie glauben. Sie *werden* geheilt.

Dabei ist Ihnen die Natur ein mächtiger Verbündeter.

Sagen Sie sich immer wieder: »Ich bin am Leben. Ich werde überleben!«

Sie *sind* am Leben.

Sie werden überleben.

Ich habe geträumt
du hast angerufen
du hast mir erklärt
du ziehst wieder zu deiner Ex-Geliebten
du hast mir erklärt
du dachtest
ein Anruf sei die anständigste Art
es mir zu sagen
»Es«
bedeutet:
wir sehen uns niemals wieder
warum
das würde ich sicher verstehen
ich habe mich bewegt
um aufzuwachen
und stellte fest
ich schlief überhaupt nicht
der Alptraum war
mein Leben

2

Lassen Sie sich helfen

Wenn Sie glauben, Hilfe zu brauchen, zögern Sie nicht,
darum zu bitten. Und zwar sofort.

Wenn Sie mit dem Gedanken spielen, Selbstmord zu be-
gehen, oder denken, daß Sie eventuell in Gefahr geraten
könnten – rufen Sie *sofort* beim Sozialpsychiatrischen
Dienst oder der Telefonseelsorge an. Fast in jeder Stadt
gibt es solche Einrichtungen. (Auf Seite 82 können Sie
unsere Gedanken zu diesem Thema nachlesen.)

Sofort um Hilfe sollten Sie auch bitten, wenn Sie
* befürchten »zusammenzubrechen«
* die Kontrolle über sich verlieren
* etwas tun wollen, was Sie später vielleicht bereuen
* spüren, daß Ihre Emotionen durcheinandergeraten
* Trost bei Alkohol, Drogen oder anderen Suchtmitteln
suchen
* sich isoliert fühlen und niemanden haben, an den Sie
sich wenden können
* sich zum wiederholten Male in Verlustsituationen
befinden.

Dies ist nicht der richtige Augenblick, »Mut beweisen«
und es »allein schaffen« zu wollen. Im Gegenteil: Gerade
indem Sie um Hilfe bitten, beweisen Sie Mut.

In dir
hatte ich ein Zuhause gefunden

dann hast du dich von mir losgesagt
und mich
als obdachloses Katastrophenopfer zurückgelassen

ich habe das Rote Kreuz angerufen
aber
man weigerte sich mir eine Schwester zu schicken

3

Akzeptieren Sie den Verlust

Sie schwanken, können sich nicht entscheiden, ob Sie nun glauben wollen, daß es Ihnen zugestoßen ist, oder lieber nicht.

Doch es ist geschehen. Es ist Wirklichkeit geworden.

Geben Sie zu, daß Sie einen Verlust erlitten haben.

Vielleicht bezweifeln Sie, daß Sie stark genug sein werden, ihn einzustecken.

Doch Sie *sind* stark genug.

Sie sind am Leben.

Sie werden es überstehen.

Du kannst nichts anderes tun
als
es zu akzeptieren...
und zu leiden

4

Sie sind nicht der/die einzige

Ein Leben ohne Verluste ist kein Leben. Verluste sind der Beweis dafür, daß Sie am Leben sind.

Jeder muß Erfahrungen des Verlusts machen.

Jeder.

Ihre Aufgabe ist nun, die Reise so schnell, sanft und mutig, wie es Ihnen möglich ist, anzutreten: vom ersten Schock bis zu jenem Punkt, an dem Sie dem Verlust auch gute Seiten abgewinnen können.

Unsere Liebe ist
abgestürzt

ich
bin gefangen
in den zerrissenen Flügeln
aus feiner Gaze

die Brüder Wright
wären stolz auf unseren Flug gewesen
aber wir leben
im Zeitalter der Raumschiffe und Mondlandungen
unser Flug war bemitleidenswert tief
und schmerzhaft kurz

ein solches Ende
macht
den Anfang bedauernswert

5

Heftige Emotionen sind jetzt ganz normal

Daß Sie sich jetzt wie betäubt fühlen, ist ganz normal. Der Schock wird noch eine Weile andauern, und es kann gut sein, daß Ihnen die emotionale Betäubung, die Sie erleben, angst macht.

Auch diese Angst ist ganz normal. »Ob ich es wohl schaffen werde?« »Werde ich jemals wieder imstande sein, jemanden zu lieben?« »Ob ich noch einmal Vertrauen aufbauen kann?« Zweifel und Ängste dieser Art sind eine Folge des Verlustes, den Sie erlitten haben. Sie zu empfinden ist nichts als natürlich. Nur Glauben sollten Sie ihnen nicht schenken – wenn es irgend geht.

Sie können jetzt in einen regelrechten Gefühlswirrwarr hineingeraten. Trauer, Wut, Erschöpfung, Unentschlossenheit, Erleichterung, Melancholie, Verwirrung, Unbesonnenheit, Schuldbewußtsein, Versagensängste, Neid, Haß auf sich selbst, Ekel, Glück, Todessehnsucht – all diese Empfindungen können sich einstellen, und noch viele andere mehr.

Jegliches Gefühl ist Bestandteil des Heilungsprozesses.

Fühlen Sie. Lassen Sie zu, daß Sie genesen.

Frühling:
Blätter sprießen
Liebe wächst

Sommer:
Liebe stirbt
ich fahre fort
Tränen in den Augen

auf meiner Windschutzscheibe bringen sich
Insekten um

Herbst:
die Blätter fallen
ich falle

Winter:
ich sterbe
ich fahre fort
Leere in den Augen

auf meiner Windschutzscheibe bringen sich
die Schneeflocken um

6

Geben Sie sich dem Schmerz hin

Wehren Sie sich nicht gegen den Schmerz.

Zu leiden, wenn man einen Verlust erlitten hat, ist
* gesund
* der Beweis, daß Sie am Leben sind
* ein Zeichen, daß Sie in der Lage sind, Erfahrungen zu
machen.

Ergeben Sie sich Ihrem Schmerz, auch wenn Sie sich davor fürchten. Wehren Sie sich nicht. Lassen Sie sich fallen. Sie werden sehen, auch dieser Zustand hält nicht ewig an. Er ist aber ein wichtiger Bestandteil des Heilungsprozesses. Machen Sie diese Erfahrung. Leiden Sie.

Verleugnen Sie den Schmerz nicht, verdrängen Sie ihn nicht, laufen Sie nicht vor ihm davon. Leben Sie damit. Leiden Sie ruhig ein Weilchen.

Betrachten Sie den Schmerz nicht als störend, sondern als heilsam.

Du kamst
und hast mein Haus
in unser
Zuhause verwandelt

du gingst
und hast unser Zuhause
in meinen
Zufluchtsort verwandelt

7

Sie sind wunderbar

Sie sind ein guter, liebenswerter Mensch.

Alles an Ihnen ist in Ordnung. Mehr noch: Sie sind
wunderbar.

Höchstens, daß Ihr Selbstbewußtsein angeschlagen ist.
Sie quälen sich mit Selbstvorwürfen, gehen ins Gericht
mit sich, sind überkritisch. Diese Gedanken sind nichts
anderes als Streßsymptome.

Es besteht keinerlei Grund, den negativen Gedanken
Ihre ganze Aufmerksamkeit zu widmen.

Bestrafen Sie sich nicht mit sinnlosen »Hätte«s. (»Hätte
ich dies und jenes getan oder nicht getan, wäre ich nicht
in diesen Schlamassel hineingeraten.«) Lassen Sie keinen
Gedanken zu, der mit einem »Hätte ich . . .« beginnt.

Sie sind viel mehr als nur diese emotionale Wunde, die
Ihnen gerade zu schaffen macht. Vergessen Sie das nicht.

Unter der verletzten Schale sind Sie
* ein liebenswerter Mensch
* ein unversehrter Mensch
* ein schöner Mensch.

Glauben Sie es uns.

Ich bin die Freude
ich bin okay
ich schaffe alles
bis auf zweierlei:

1. zu vergessen, daß ich dich liebe
2. zu vergessen, daß du mich nicht mehr liebst

8

Heilung braucht Zeit

Der Heilungsprozeß braucht Zeit.

Je größer der Verlust, desto länger dauert die Genesung.

In unserer Fast-food- und Wegwerfgesellschaft kann man nur schwer akzeptieren, daß etwas Zeit braucht.

Sie brauchen Zeit – um zu gesunden. Zeit ist Luxus. Gönnen Sie sich diesen Luxus.

Er steht Ihnen zu.

Im Sommer
ist der Schmerz keine
allzu schwere Last

Spaziergänge
in Bildern einer Reise
verhindern
allzu schlimme Zerstörung

Keiner ist da
und wärmt mich
doch
die Sonne erbarmt sich meiner

Der Herbst vergeht
und
läßt den Winter und mich
ohne innere Wärme
gegen die Kälte draußen

Und ich
klebe am Bürgersteig
und erfriere vielleicht

9

Heilung ist keine Gerade

Der Heilungsprozeß verläuft nicht so sanft und gleich-
mäßig, wie man annehmen könnte.

nicht viel besser

besser

Er ähnelt eher einem Blitzstrahl, kennt Hochs und Tiefs,
ermutigende Sprünge nach vorn und deprimierende
Rückschläge.

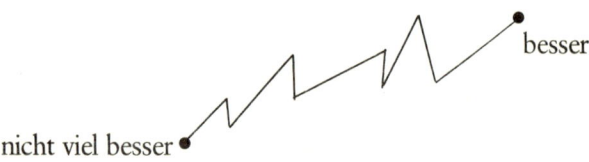

nicht viel besser

besser

Prägen Sie sich das ein. Egal, ob Sie sich »besser« oder
»schlechter« fühlen als gestern oder vor fünf Minuten –
der Heilungsprozeß ist im Gange.

Das Leben
wird
weniger lebenswert

Bei jeder neuen Bekanntschaft
frage ich mich
ist dies der Tag
den sich das Schicksal ausgesucht hat
oder
bin ich es
der sich dem Schicksal anvertraut
um diesen Tag zu überstehen?

Die Liebe
ist die schöpferischste Kraft des Universums

Die Erinnerung an eine Liebe
die
vernichtendste

10

Es gibt ein Morgen

Das Leben besteht aus vielen positiven Erfahrungen.

Das Schöne ist bereits auf dem Weg.

Kein Zweifel – es gibt ein Morgen.

Erstens muß ich aufhören
dich zu lieben

zweitens muß ich mir
immer wieder sagen:

falle
erst um
wenn du die Lügen erkennst

11

Atmen Sie

Holen Sie tief, tief Luft.

Atmen wirkt heilend.

Atem ist Leben.

Tief ausatmen, und dann wieder langsam tief einatmen.
Bauch, Brustkorb und Magen sollen sich ausdehnen.

Legen Sie sich die Hand aufs Herz, auf den Magen oder
einen anderen Teil Ihres Körpers, der in Aufruhr geraten
ist. Atmen Sie in diesen Bereich. Sagen Sie sich:
* »Frieden. Beruhige dich.«
* »Ich bin am Leben. Ich will es überstehen.«

Diese Sehnsucht
könnte
mein Leben verkürzen

12

Ruhen Sie sich aus

Ruhen Sie sich aus.

Schlafen Sie mehr.

Lassen Sie sich von anderen bei der Arbeit helfen.

Teilen Sie sich Ihr Leben so ein, daß Ihnen genügend Zeit bleibt zur Entspannung. Planen Sie Ihren Tagesablauf entsprechend. Gehen Sie früher zu Bett und schlafen Sie etwas länger.

Gehen Sie sanft mit sich um. Hetzen Sie sich nicht ab. Ihr Körper braucht Energie, um sich erholen zu können. Meditieren Sie.

Lassen Sie Ihre Gefühle zur Ruhe kommen. Produktives Arbeiten kann dabei helfen.

Ruhe und Erholung sind die Grundlagen der Gesundung.

(Der Dichter
hat
sich entschlossen
ein Nickerchen
zu machen)

13

Werden Sie aktiv

Genug der Ruhe. Handeln Sie jetzt.

Nicht nur Ruhepausen, sondern auch Aktivitäten för-
dern die Heilung.

Legen Sie so viele Ruhepausen ein, wie Sie benötigen,
aber werden Sie nicht lethargisch. Bleiben Sie aktiv.

Reduzieren Sie Ihre Aktivitäten, geben Sie sie aber nicht
ganz auf.

Ihre Innenwelt ist in Unordnung geraten – sehen Sie zu,
daß Ihre Außenwelt in Ordnung bleibt. Machen Sie sich
einen »Aktivitäten-Fahrplan« – das erleichtert die
Disziplin.

Ich bin kein Tag-Mensch
das liegt nicht in meiner Natur
aber
noch so eine schreckliche Nacht wie diese
kann ich nicht zulassen
deshalb
werde ich morgen
früh aufstehen und mich
den ganzen Tag
beschäftigen
um
abends erschöpft einzuschlafen
zu müde
für quälende Alpträume

14

Verzetteln Sie sich nicht

Mit Ihrem Urteilsvermögen ist es im Moment nicht zum besten bestellt. Treffen Sie deswegen nur die nötigsten Entscheidungen. Wenn irgend möglich, verschieben Sie wichtige Entscheidungen auf später.

Bitten Sie Freunde, Familienangehörige und Geschäftskollegen, Ihnen kleinere Entscheidungen abzunehmen.

Delegieren Sie, ruhen Sie sich aus.

Eine große Veränderung hat stattgefunden – deshalb leiden Sie. Vermeiden Sie weitere Veränderungen.

Pläne:

Nächsten Monat:
etwas Neues finden

Diesen Monat:
mich überwinden

Diese Woche:
zu mir selbst finden

Heute:
überleben

15

Rechnen Sie mit Flüchtigkeitsfehlern

Es kann vorkommen, daß Sie Ihre Schlüssel vergessen, die Brieftasche verlegen, ein Glas fallenlassen, Ihren Namen falsch buchstabieren.

Gedankenlosigkeit, Vergeßlichkeit und Ungeschicktheiten treten oft nach einem Verlust auf.

In ein Zimmer zu gehen, um etwas Bestimmtes zu holen, und dann festzustellen, daß man vergessen hat, was man holen wollte – jeder kennt so etwas. Nach einem Verlust häufen sich solche Erfahrungen.

Das ist normal. Üben Sie Nachsicht mit sich. Es geht aufwärts. Reagieren Sie auf Ihre »dummen« Fehler lieber amüsiert als irritiert.

*Da stimmt
etwas nicht*

63

16

Sie werden die Langsamkeit entdecken

Sie fühlen sich wie von einer warmen Gallertmasse umgeben und handeln im Schneckentempo. Die Arme und Beine sind Ihnen schwer. Sie haben vielleicht sogar Schwierigkeiten, den Kopf aufrecht zu halten. Sie lehnen sich an, um sich abzustützen.

Sie sprechen langsamer und undeutlicher.

Sie fallen in eine Art Trance. Die Verlangsamung Ihrer Reaktionen wird Sie beunruhigen.

Aber sie gehört zum Heilungsprozeß. So speichert der Körper die Energie, die er für die innere Heilung braucht.

Entspannen Sie sich. Zwingen Sie sich nicht zu einem schnelleren Tempo.

Ich erinnere mich einmal gedacht zu haben
wie schön es wäre wenn du fort bist
denn
dann könnte ich endlich
ein paar wichtige Dinge erledigen

doch
seit du nun fort bist
habe ich nichts erledigt
denn
nichts ist so wichtig
wie du

17

Sie brauchen jetzt Trost

Lassen Sie sich umsorgen.

Akzeptieren Sie das Verständnis und die Hilfe von
* Freunden
* Familienangehörigen
* Arbeitskollegen.

Eine emotionale Wunde tut wirklich weh und kostet
Kraft. Es ist normal, wenn man in solch einer Situation
Trost braucht. Manche Menschen haben ein so ausge-
prägtes Talent, Trost zu spenden, daß sie einen Beruf
daraus gemacht haben.

Es bleibt Ihnen überlassen, ob sie sich hilfesuchend an
einen »Profi« wenden wollen. Voraussetzung ist, daß Sie
sich gut bei ihm aufgehoben fühlen.

Bringen Sie den Mut auf, die Hilfe anderer in Anspruch
zu nehmen.

Meine Freunde gibt es noch:
vernachlässigt
zurückgewiesen
weil
ich alle kostbaren Augenblicke
mit dir verbracht habe

Aber es gibt sie noch

Gott sei Dank

18

Suchen Sie Hilfe

Auch wenn es Ihnen schwerfällt – bitten sie andere um
Hilfe.

Es ist wichtig zu wissen, daß andere sich Sorgen um Sie
machen.

Wenden Sie sich an Freunde, Familienangehörige und
Arbeitskollegen. Wenn Sie von Ihrem Schmerz erzählen,
werden sie Ihnen gerne helfen.

Das Telefon ist eine wunderbare Einrichtung. Machen
Sie sie sich zunutze. Rufen Sie Freunde, Kollegen und
Verwandte an.

Laden Sie einen Freund oder eine Freundin ein, bei
Ihnen zu übernachten.

Machen Sie einen Besuch bei Verwandten – vorzugs-
weise zur Abendessenszeit.

Auch Nachbarn können sehr hilfreich sein.

Fremde sind oft ebenfalls Freunde – nur daß Sie sie bislang noch nicht kennen.

Hilf mir auf die Beine
mein Freund

kehr den Müll aus mir raus
und halte mich warm

du bist mein Trost

halte mich fest
bis ich alleine zu stehen vermag

bald wirst du stolz sein auf mich
ich werde gewachsen sein
mein Freund

19

Lassen Sie sich in den Arm nehmen

Die heilende Kraft einer Berührung ist über jeden Zweifel erhaben. Wenn man Sie fragt: »Was kann ich für dich tun?«, brauchen Sie vielleicht nur zu antworten: »Halt meine Hand« oder »Nimm mich in den Arm«.

Lassen Sie sich pro Tag
* dreimal umarmen, um zu überleben
* fünfmal zur Beruhigung
* achtmal oder häufiger fürs persönliche Wachstum.

Wenn Sie niemanden finden, der Sie in die Arme nimmt, tun Sie es ruhig selbst. Umarmen Sie sich. Es ist ein angenehmes Gefühl. Gerade jetzt wirkt auch eine pflegende Massage Wunder.

Wenn ein Teil Ihres Körpers weh tut, berühren Sie ihn und sagen Sie: »Ich bin für dich da. Ich liebe dich.« Seien Sie zärtlich zu sich. Streicheln Sie sich. Berührung heilt.

Eine
Berührung
ist
so viel wert
wie
zehntausend Worte

20

Suchen Sie sich Leidensgenossen

Die Hilfe von Menschen, die wissen, was Sie gerade durchmachen, kann ungeheuer wertvoll sein.

Fragen Sie Ihre Freunde – sie kennen vielleicht jemanden, der einen ähnlichen Verlust überstanden hat.

In jeder Stadt gibt es soziale Einrichtungen, die sich um Menschen kümmern, die einen Verlust erlitten haben.

Menschen, die schon einmal in einer ähnlichen Situation waren wie Sie, sind oft eine große Hilfe – und der Beweis, daß auch Sie überleben werden.

Alles Gute
ist aus meinem
Leben verschwunden

erst du
und mit dir
Freude
Liebe
Freiheit

dann
Farben
Musik
Bäume

und selbst die Kreativität
die immer als letzte verschwindet
tritt nur noch
scheinbar in Erscheinung

21

Vertrauen Sie sich an

Weisheit besteht aus dreierlei: Liebe, Standfestigkeit und Wissen. Wenn Sie bereit sind, sich von jemandem führen zu lassen, achten Sie darauf, daß der Betreffende möglichst »weise« ist.

»Weise« Menschen können Ihnen bei der Einhaltung Ihres »Fahrplans« helfen, wenn Sie jemanden brauchen, der Sie »durch den Tag führt«.

Vorsicht ist jedoch bei gutgemeinten Ratschlägen geboten, die lauten:

* »Du mußt...«
* »Du solltest lieber...«
* »Es ist höchste Zeit, daß du...«

Ratschläge dieser Art sind keine Hilfe, sondern begünstigen allenfalls Ihre Schuld- und Unzulänglichkeitsgefühle.

Verzeih mir

ich bin gerade ein Krüppel

verblendet – fixiert – paralysiert
in unserer Welt
statistisch gesehen
die weitverbreitetste Krankheit

man nennt sie auch Liebe

selbst der kleinste Trost
den du zu geben vermagst
ist mir willkommen
auch wenn
meine Fähigkeit ihn anzunehmen
augenblicklich
zu wünschen übrig läßt

danke

22

Umgeben Sie sich mit Lebendigem

Ziehen Sie sich nicht in die Isolation zurück.

Beziehen Sie, außer Freunden und Verwandten, andere
lebendige Dinge in Ihr Leben ein:
* eine neue Zimmerpflanze
* ein kleines Kätzchen
* das Hundebaby, das Sie sich immer schon gewünscht
haben
* eine Glasschale mit einem Goldfisch
* eine Schüssel mit frischen Früchten. Man kann sie mit
Freude betrachten (und essen!).

Alle rechnen
mit meinem Zusammenbruch
nur
durch so was mußte ich zu oft schon durch
um jetzt nervös zu werden

23

Lassen Sie sich bestätigen

Überzeugen Sie sich, ob das, woran Sie bisher geglaubt haben, noch Gültigkeit hat.

Zum Beispiel auch im religiösen, geistigen, psychologischen oder philosophischen Bereich.

Widmen Sie sich Wissensgebieten, die tröstend, inspirierend oder aufbauend auf Sie wirken.

Lernen Sie hinzu. Gewinnen Sie Spaß an der Bestätigung von Denkweisen und neu hinzukommenden Überzeugungen.

Gottes Liebe ist so nah
die deinige zu vermissen
scheint fast Frevel
doch ich denke
ER versteht es

24

Am schlimmsten sind die Sonntage

So ist das nun einmal.

Am zweitschlimmsten ist der Urlaub.

Die Samstagabende sind auch nicht sehr witzig.
Der Trennungsschmerz wird dann besonders stark
empfunden – noch drei Tage, drei Wochen, drei Monate, sechs Monate und ein Jahr nach dem Verlust.

In den kritischen Zeiten ist es besonders wichtig, daß
Sie sich etwas Schönes vornehmen.

Gestern war Sonntag
Sonntage sind immer schlimm
»Grausam« nennt man sie oft

Donnerstag ist Vollmond
Vollmondnächte sind immer schlimm
Lon Chaney weiß Bescheid

Freitag ist Karfreitag
die Vibrationen trauernder Gläubiger
machen ihn schlimm

Sonntag ist Ostern
Schon wieder ein Sonntag
und Sonntage sind immer schlimm

25

Todessehnsucht

Vielleicht spielen Sie mit Selbstmordgedanken. Die Todessehnsucht kann in dieser Zeit dramatische Dimensionen annehmen.

Selbstmordgedanken sind ein natürliches Symptom des Schmerzes. Keinesfalls dürfen sie in die Tat umgesetzt werden.

Wenn Sie Angst bekommen, möglicherweise die Kontrolle über sich zu verlieren, suchen Sie sofort professionelle Hilfe. Rufen Sie den Sozialpsychiatrischen Dienst oder die Telefonseelsorge an. Sie sind dafür da, Ihnen in Krisen zu helfen.

Lassen Sie Ihre Aggressionen keinesfalls an sich selbst aus. Daß Sie Wut empfinden, ist völlig normal – schließlich ist Ihnen etwas ganz Schlimmes zugestoßen. Bemühen Sie sich aber um geeignetere Mittel, Ihre Wut abzureagieren. Schlagen Sie auf ein Kissen ein, weinen Sie, schreien Sie, hüpfen Sie auf und ab.

Selbstmord ist töricht: als würden Sie die Oper während der Ouvertüre verlassen, nur weil der Dirigent den Taktstock hat fallen lassen. Wir verstehen uns schon. Außerdem: Sind Sie nicht wenigstens ein kleines bißchen neugierig darauf, was als nächstes passiert in diesem Theaterstück, das man Leben nennt?

Soviel ist sicher: Die Todessehnsucht wird vorübergehen. Es wird Ihnen besser gehen. Viel besser.

Ja, tatsächlich. Wir versprechen Ihnen einen Rosengarten. Nur können wir Ihnen leider nicht versprechen, daß er völlig ohne Dornen sein wird.

SELBSTMORD?
soll
immer eine Frage bleiben
denn
es ist wirklich keine Antwort

HEILEN

Ich vergaß

nach
dem Trennungs-Schmerz
folgt
das Glück des Heilens

Wiederentdeckung
des Lebens
der Freunde
seiner selbst

Freude

26

Sie dürfen trauern

Sie empfinden Schmerz. Dieses Gefühl sollten Sie weder verschieben, verleugnen, verdrängen noch vor ihm davonlaufen. Geben Sie sich Ihrem Schmerz hin. Jetzt.

Alles andere kann warten. Eine emotionale Verletzung verlangt sofortige Behandlung, genau wie eine physische Wunde auch.

Je eher Sie sich Ihrem Schmerz hingeben, desto schneller wird er vorübergehen. Man muß da durch – es ist der einzige *Aus*-Weg.

Jetzt nicht zu trauern unterbricht den natürlichen Genesungsprozeß.

Und dann kann es passieren, daß der Kummer Sie nach Monaten oder gar Jahren einholt.

Gestatten Sie sich die Gefühle der Furcht, des Schmerzes, der Trostlosigkeit und Wut. Sie sind die Grundvoraussetzungen für den Erfolg des Heilungsprozesses.

Sie sind am Leben. Sie werden überleben.

Kummer ist still
tödlich in seiner Ruhe
zorniger Horror – schrecklicher Mißbrauch

rauh
fordernd
unbegreiflich
reißt alles in Stücke
was man je geliebt

hoffnungslos
aussichtslos
furchteinflößend und mißverstanden
hinterlistig gar
kommt zum Stillstand
kommt zurück
nach Jahren
um zu vernichten

zu verwüsten
zu verfluchen
alles was glücklich ist
oder zufrieden
oder vertrauensvoll

Kummer?
Kummer ist still
Melba Colgrove

27

Jetzt kommt die Vergangenheit hoch

Vielleicht machen sich jetzt unbearbeitete Verluste der
Vergangenheit bemerkbar: Enttäuschungen, Zurück-
weisungen, Kränkungen, abgebrochene Beziehungen
und natürlich auch Verluste aus der Kindheit.

Ein momentaner Verlust kann unzureichend verheilte
Wunden von früher wieder aufreißen.

Wenn Sie »unvernünftig« oder »übertrieben« auf einen
Verlust reagieren, so zeigt dies vielleicht, daß eine Wie-
derholung stattfindet.

Gestatten Sie sich, mit der gegenwärtigen zugleich die
alte Wunde heilen zu lassen. Glauben Sie uns, es geht.

Ich saß da
und beurteilte mich

und beschloß
mich ganz schnell hinzulegen

28

Seien Sie freundlich zu sich

Gehen Sie *sehr* liebevoll mit sich um – freundlich, zärtlich, verzeihend.

Akzeptieren Sie, daß Sie sich eine emotionale Wunde
zugezogen haben, die schwächt und eine ganze Weile
brauchen wird, bis sie völlig verheilt ist.

Lassen Sie sich die Fürsorge und Zuneigung zukommen, die Sie einem guten Freund in einer ähnlichen
Situation widmen würden.

Übernehmen Sie keine zusätzlichen Verantwortungen.
Wenn es Ihnen zweckmäßig erscheint, können Sie Ihre
Arbeitskollegen und Ihren Chef davon unterrichten, daß
Sie einen Verlust erlitten haben und sich davon erholen
müssen.

Gehen Sie Streß, Herausforderungen und Ärger aus
dem Weg.

Lehnen Sie keine Hilfe ab, die Ihnen angeboten wird.
Denken Sie aber daran, daß Fürsorge und Mitleid zu
Hause beginnen – lassen Sie sich beides angedeihen.

Und machen Sie sich keine Selbstvorwürfe wegen
irgendwelcher »Fehler«, die Sie glauben gemacht zu
haben.

Dich als Liebsten zu verlieren
tat weh

dich als Freund zu verlieren
tat ebenso weh

du bist ein Verlust

die Mauern sind so verdammt hoch
und meine geschliffene Klinge
mit der ich deine Festung einst stürmte
ist nicht mehr scharf genug
meine Handgelenke zu ritzen

es ist nicht so
daß ich nichts empfinde

es ist eher so
daß ich nicht länger empfinden darf

29

Bestimmen Sie selbst das Tempo

Zwingen Sie sich nicht, den Verlust sofort »verstehen«
oder »akzeptieren« zu wollen, auch wenn andere das
von Ihnen verlangen.

Wenn Sie diesen Forderungen nachgeben und Ihren
Verlust oberflächlich mit Sätzen wie
* »So spielt das Leben...«
* »Na ja...«
* »Macht ja nichts...«
* »Was soll's?«
zudecken, kann Ihre künstliche »Billigung« den Hei-
lungsprozeß unterbrechen.

Denn Heilen ist ein Vorgang. Sie haben das Recht, diese
Erfahrung auf Ihre Weise zu machen, egal, wieviel Zeit
Sie brauchen, bis Sie verstehen.

Vertrösten Sie Ihre Freunde mit: »Seid geduldig. Ich bin
noch nicht bereit zu heilen.«
Seien Sie geduldig mit ungeduldigen Freunden.

Der Herbst
ist eine Jahreszeit
in der alles zerbricht
was die Natur
den ganzen Sommer über aufbaut

der Herbst
ist wie unsere Liebe

30

Klammern Sie sich nicht an die Vergangenheit

Sinnlose Versöhnungsversuche sind
* schmerzhaft
* ungünstig für den Heilungsprozeß
* entwicklungshemmend
* Vergeudung wertvoller Energie
* dumm
* verlockend.

Widerstehen Sie der Versuchung. Die letzte Hoffnung
aufzugeben ist wahrscheinlich die schwierigste Aufgabe.

Investieren Sie Ihre Energien in die Heilung, in Ihr
Wachstum, in sich selbst, in neue Beziehungen und in
das Leben.

Loslassen zu lernen kann die schwierigste Lektion des
Lebens sein.

Ich trage einen Panzer
seit du fort bist
aber er ist dünn

doch er wird jeden Tag dicker
weil ich sanft durchs Leben wandle

ein Gedanke an dich
ein Gefühl für dich
und die äußerste Schicht zerspringt

ein Telefongespräch mit dir
und er zerfällt in tausend Stücke

die Nacht ist schutzloser Horror
erst wenn die Sonne aufgeht
kann ich beginnen
das Puzzle des Lebens zusammenzufügen

31

Suchen Sie sich Verbündete

Wenn die Sehnsucht, eine »verlorene Liebe« zu kontak-
tieren, übermächtig wird, schließen Sie einen Pakt mit
einem Freund.

»Ich will ihn/sie bis an mein Lebensende nicht mehr
sehen« wäre ein unvernünftiger Pakt.

»Bevor ich Kontakt zu ihm/ihr aufnehme, wende ich
mich an dich, um mit dir darüber zur reden« – ist weitaus
vernünftiger.

Die Unterstützung eines Freundes kann über die zeit-
weilig übermächtige Sehnsucht hinweghelfen und Sie
davon abhalten, etwas zu tun, wovon Sie im voraus wissen, daß Sie es wahrscheinlich später bereuen werden.

Bedeutet dich zu sehen
eine Plage?
hat man mich gefragt

dich zu sehen ist keine Plage
es ist
die Pest

32

Andenken

Wenn Sie Fotos und Andenken in der Trauerzeit hilfreich finden, nur zu.

Haben Sie allerdings das Gefühl, die Andenken fesseln
Sie an eine tote Vergangenheit, entledigen Sie sich ihrer
– räumen Sie sie auf den Dachboden, verkaufen Sie sie,
verschenken Sie sie oder werfen Sie sie weg.

Lassen Sie nichts wichtiger werden als Ihre Heilung –
oder sich selbst. Und schon gar kein »Ding«.

Ich habe mich all der Dinge entledigt
die mit dir zu tun haben
ich dachte sie sind vergiftet

es hat mir nicht sehr geholfen

vergiftet bin vor allem ich

33

Alles wird gut!

Je mehr Aufmerksamkeit Sie etwas schenken, desto
mehr rückt es in den Vordergrund und gewinnt damit
an Bedeutung.

Konzentrieren Sie sich auf positive Resultate. Rechnen
Sie fest damit. Erwarten Sie sie. Planen Sie sie.

Dann wird es eintreffen.

Geben Sie sich Ihrem Schmerz, Ihrer Traurigkeit, Ihrer
Angst hin, aber verharren Sie nicht in diesem Zustand.
Akzeptieren Sie ihn, aber provozieren Sie ihn nicht
(außer in der Trauerzeit, die Sie für sich eingeplant
haben).

Der Schmerz ist ein Besucher, auf den man sich einrich-
ten kann, aber als Langzeitgast ist er nicht willkommen.

Wie wird es geschehen?
was wird geschehen
wenn ich jemanden finde
mit dem ich einen Großteil meines Lebens
verbringen möchte?

es muß geschehen
habe ich es nicht schon
seit langem vor-bereitet?

es wird geschehen
das ist gewiß

ich darf mir den Kopf nicht zermartern
es wird geschehen
aber wie – wann – wo – wer?

34

Rechnen Sie mit Angstgefühlen

Als Folge eines Verlustes stellen sich häufig Angst und
Unsicherheit ein.

Es gibt so vieles, wovor man sich fürchtet, wenn man
verlassen wurde:
* die Angst, allein zu sein
* die Angst, im Stich gelassen oder abgewiesen zu
werden
* die Angst, nie wieder lieben zu können
* die Angst, nie wieder geliebt zu werden
* die Angst vor dem Schmerz, vor der Einsamkeit und
vor den Qualen, die vielleicht noch vor einem liegen.

Die Angst ist jedoch nichts »Dunkles« (wie Kinder es oft
empfinden), sondern eine besondere Energiequelle, die
ermöglicht, der bevorstehenden Herausforderung des
Heilens und Wachsens erfolgreich zu begegnen.

Sie werden diese Aufgaben erfolgreich meistern.
Dabei hilft es Ihnen, wenn Sie die Angst als die besondere Energie nutzen, die sie ist.

Wehren Sie sich nicht gegen die Angst – bedienen Sie
sich ihrer.
Die Angst ist ein Freund, kein Feind. (Mehr darüber auf
Seite 198).

Die klare Erinnerung an dich
schwindet mehr und mehr
und Dunkelheit umfängt
meine Tage

elektrisches Licht erhellt meine Nächte
ich finde keinen Schlaf
ich fürchte mich vor der Dunkelheit
ich fürchte mich du kommst zurück
ich fürchte mich du kommst nie mehr
ich fürchte mich an dich zu denken
ich fürchte die Gedichte gehen mir aus
bevor der Schmerz vorüber ist

35

Nichts gegen Depressionen

Sich und anderen vorzumachen, man sei ausgegliche-
ner, energiegeladener oder unbeschwerter, als es tatsächlich der Fall ist, bringt nichts. Die Vorspiegelung fal-
scher Tatsachen erfordert Energie, die man besser in den
Heilungsprozeß investiert.

Es ist normal, daß man sich deprimiert fühlt.

Weinen bringt Erleichterung und hat reinigende
Wirkung.

Es gibt sicher welche
die wünschten mich krank

ihr Wunsch
ist heute nacht
in Erfüllung gegangen

36

Auch Wut muß sein

Jeder empfindet Wut, wenn er den Verlust der Liebe erleidet.

Jeder.

Es ist normal, wütend zu sein auf
* den Menschen, der einen verlassen hat (auch im Todesfall)
* den Menschen, der einem etwas oder jemanden weggenommen hat
* die gesellschaftlichen Regeln, die zu dem Verlust beigetragen haben
* das Schicksal.

Es ist *nicht* normal
* sich selbst zu hassen
* die Wut destruktiv auszuleben.

Toben Sie Ihre Wut auf unzerstörerische Weise aus:
* Schlagen Sie auf ein Kissen ein
* Spielen Sie Volleyball, Handball, Tennis, Squash, Fußball
* Boxen Sie mit dem Punchingball.

Wenn Sie Ihre Wut auf diese, tatsächlich hilfreiche, Weise austoben, vermeiden Sie Streitigkeiten, Unfälle und Krankheiten.

Je weiter der Heilungsprozeß fortschreitet, desto mehr wird Ihre Wut nachlassen.

Ich wurde verrückt
heimlich, still und leise verrückt

ich werde verrückt
laut und geräuschvoll verrückt

meine Nachbarn denken
ich bin verrückt

und ausnahmsweise
haben sie recht

37

Schuldgefühle sind tolerierbar

Wenn Sie Schuldgefühle empfinden, so bedeutet dies, daß Sie wütend auf sich sind. Und zwar, weil Sie nicht mehr so denken, handeln und fühlen, wie Sie es bislang für »richtig« hielten. Es ist normal, daß Sie sich in Ihrer Situation mit Schuldgefühlen plagen; sie sollten sich aber in Grenzen halten.

So ist es zwar durchaus in Ordnung, daß Sie blitzwütend sind, dennoch dürfen Sie sich nicht dazu hinreißen lassen, jemandem etwas anzutun. Ebenso weitverbreitet sind Autoaggressionen. Diese dürfen jedoch nicht so weit gehen, daß Sie selbst Schaden nehmen. Daß man sich gelegentlich Vorwürfe macht, ist nicht so schlimm, aber übertriebene Selbstgeißelungen sind nicht angebracht. Damit machen Sie sich das Leben unnötig schwer.

Gegen Schuldgefühle hilft Vergebung.

Behandeln Sie sich liebevoll, mit Respekt, Freundlichkeit und Nachsicht.

Ich hasse und ich liebe dich

ich bin an dich gebunden
unfähig die Bindung zu lösen

ich möchte frei sein

ich möchte die Tage wieder genießen

und mir meine Nächte zurückgeben

38

Professionelle Helfer

Viele Menschen haben es zu ihrem Beruf gemacht, anderen zu helfen und ihnen stützend zur Seite zu stehen!

Dazu gehören
* Ärzte
* klinische Psychologen
* Therapeuten
* Homöopathen
* Psychiater
* geprüfte Krankenschwestern
* Ernährungswissenschaftler
* Hilfsorganisationen gegen Alkohol- und Drogenmißbrauch
* Ehe- und Familienberatungen
* Sozialeinrichtungen
* Gymnastik- und Fitneßtrainer
* Masseure
* geprüfte Hypnotiseure
* konfessionelle Seelsorger.

Probieren Sie das eine oder andere aus. Beobachten Sie, wie Sie sich fühlen. Sind Sie mit dem Ergebnis nicht zufrieden, probieren Sie etwas anderes. Sonst bleiben Sie dabei.

Was ich dringend brauche
ist ein Mensch
mit dem ich
über dich sprechen kann
aber du bist
der einzige Mensch
mit dem ich
wirklich reden kann

gefangen

39

Beratung und Therapien

Die meisten Verluste, emotionalen Krisen oder Probleme erfordern keine Psychotherapie. Trotzdem kann professionelle Hilfe in Ausnahmesituationen notwendig und hilfreich sein. Zum Beispiel:

* wenn Sie fürchten, sich selbst oder anderen Schaden zuzufügen – dazu gehören auch Selbstmordgedanken
* wenn Sie alkohol-, drogen- oder anderweitig suchtgefährdet sind
* wenn die Unterstützung von Freunden und Angehörigen nicht ausreicht
* wenn Sie häufiger Verlusterfahrungen machen
* wenn Sie nicht mit sich zufrieden sind, das Gefühl haben, unter Druck zu stehen, oder zu unkontrolliertem Handeln neigen.

Viele Menschen wählen ihr Auto sorgfältiger aus als ihren Therapeuten. Das ist töricht.

Interviewen Sie verschiedene Therapeuten. Stellen Sie Fragen. Erkundigen Sie sich nach der Methode, nach dem Honorar, der voraussichtlichen Dauer der Behandlung. Von größter Wichtigkeit ist auch, welches Gefühl Sie in Gegenwart des Therapeuten haben. Ist es Ihnen angenehm, ihm aus Ihrem Leben zu erzählen? Mögen Sie ihn? Vertrauen Sie ihm? Behandelt er Sie als gleichwertigen Menschen? Möchten sie mit ihm befreundet sein?

Mit einem guten Therapeuten können oft schon wenige Sitzungen von großem Nutzen sein.

Als ich erkannte
ich bin ein gefährdeter Mensch
ließ ich die Drogen sein
ohne legalen Giften zu verfallen
wie Tabak – Alkohol – TV

aber leider bin ich ein Narr
denn ich habe vergessen
das Gefährlichste aufzugeben
Liebe nennt man den härtesten Stoff

und nun ist's zu spät

ich bin süchtig fürs Leben

ein Gefühls-Schnupfer
ein Berührungs-Junkie

ein Liebes-Süchtiger

40

Ein Arztbesuch kann nicht schaden

Hand aufs Herz: Wann hatten Sie Ihre letzte ärztliche Generaluntersuchung? Wahrscheinlich ist sie längst überfällig. Lassen Sie sich jetzt gründlich durchchecken.

Verluste können durchaus organische Krankheiten auslösen. Andererseits empfindet man auch manche Krankheiten wie einen Verlust, obwohl sie körperliche Ursachen haben.

Gerade jetzt ist also der Augenblick günstig, sich wieder einmal von Kopf bis Fuß untersuchen zu lassen.

Falls Sie Angst vor den möglichen Ergebnissen haben, halten Sie sich vor Augen, daß Gewißheit immer noch besser ist als ständige Angst.

*Ist
Romantik
ein
heilbares
Übel?*

41

Medikamente gegen Depressionen?

Wenn die Symptome Ihrer Niedergeschlagenheit länger anhalten oder eine bestimmte Schwelle überschreiten, sollten Sie sich einem Psychiater anvertrauen.

Viele Menschen, die unter schwerwiegenden Depressionen leiden, haben Angst davor, weil sie fürchten, als »geisteskrank« abgestempelt zu werden.

Dabei ist eine ernsthafte chronische Depression eine Krankheit, die behandelt werden kann und muß, wie Diabetes oder Bluthochdruck.

Es kann sich schlimmstenfalls um eine Störung des biochemischen Gleichgewichts im Gehirn handeln. Dann sollten Antidepressiva verabreicht werden. Unter Kontrolle des Arztes genommen, machen sie das Leben lebbarer und führen nicht in die Abhängigkeit.

Wenn Sie das Gefühl haben, Ihre Niedergeschlagenheit könnte die Grenze zur chronischen Depression überschritten haben, sollten Sie also wirklich einen kompetenten Psychiater aufsuchen und sich über eine eventuelle medikamentöse Behandlung informieren.

Wie oft noch werden
Tränen mein einziger Trost sein?

wie oft werde ich erkennen
das Potential ist tot
und »unsere« Liebe war
wahrhaftig nur in meinem Kopf?

wie oft noch werde ich aufgeben?

wie oft noch werde ich
mich vor Sehnsucht nach dir verzehren?

wie oft mit dir?
wie oft mit wie vielen anderen?

42

Ernähren Sie sich gesund

Dem Körper zukommen zu lassen, was er braucht, damit er ordentlich funktionieren kann, und alles zu vermeiden, was den Organismus belastet, ist immer wichtig, besonders aber in Zeiten hoher seelischer Anspannung.

Trinken Sie viel Wasser – mindestens zwei, besser noch drei Liter am Tag.

Essen Sie reichlich frisches Obst und Gemüse, am besten roh oder dampfgegart, jedenfalls nicht zerkocht.

Der Körper braucht auch viele Kohlehydrate (ganze Körner, Kartoffeln, Nudeln beispielsweise).

Schränken Sie Ihren Koffein-, Nikotin- und Alkoholgenuß ein. Hüten Sie sich vor Junk-food und essen Sie möglichst wenig Süßigkeiten. Ergänzen Sie Ihre Nahrung durch ein Multivitamin- und Spurenelemente-Präparat.

Übertreiben Sie aber nichts. Stellen Sie Ihre Ernährung langsam und schrittweise um. Beobachten Sie, wie sich die Veränderungen auswirken und wie Sie sich dabei fühlen.

Hören Sie auf Ihren Körper. Er sagt Ihnen, was er braucht.

Der Garten liebt den Regen
auch das ist Liebe

doch die Liebe
die ich dir wünsche
und dir geben möchte
ist die Liebe
die der Regen
dem Garten gibt

zu lieben
heißt
Freiheit zu geben

43

Denken Sie daran: Sie sind verwundbar

In der Erholungsphase und Streßsituation, in der Sie sich gerade befinden, sind Sie verwundbar. Denken Sie daran.

Achten Sie auf Ihre körperliche Gesundheit:
* gönnen Sie sich Ruhepausen
* überfordern Sie sich nicht
* essen Sie vernünftig
* bewegen Sie sich ausreichend
* fahren Sie vorsichtiger.

Achten Sie auf Ihre emotionale und geistige Gesundheit:
* seien Sie freundlich zu sich
* halten Sie sich fern von giftigen Dingen, Situationen und Menschen
* überstürzen Sie nichts
* versuchen Sie nicht, alles zu verstehen, zu begreifen und zu analysieren
* nehmen Sie keine Arbeiten auf sich, die nicht zu Ihrem Aufgabenbereich gehören. (»Die Sonne geht ohne Deine Hilfe unter«, heißt es im Talmud.)

Begeben Sie sich nicht in Situationen, in denen man Sie zu »überzeugen« versucht. Ihre Widerstandskraft ist im Augenblick nicht besonders groß. Denken Sie daran.

Es war einmal
vor langer, langer Zeit
da war ich unschuldig

ich wußte nicht
was Liebe war

und Schmerz war
wenn du vom Baum fielst

44

Vorsicht vor einer neuen Bindung

Die Natur verabscheut die Leere. Um dieses Vakuum zu füllen, in dem Sie sich befinden, haben Sie vielleicht das Bedürfnis, möglichst schnell eine neue Beziehung einzugehen.

Wenn Ihr Heilungsprozeß aber noch nicht abgeschlossen ist, besteht die Gefahr, daß eine verfrühte Romanze einen weiteren Verlust nach sich zieht.

Sich nach einer traumatischen Trennung »heftig zu verlieben« mag Ihnen anfangs ein wundervolles Gefühl vermitteln: Ihre wildesten Hoffnungen und Phantasien werden wahr. Wenig später folgt das unsanfte Erwachen. Sie entdecken, daß Ihre neuste Errungenschaft bei weitem nicht so intelligent, verständnisvoll, einfühlsam, fürsorglich, welterfahren und göttlich ist, wie Sie angenommen haben. Er/sie ist auch nur ein Mensch, wie wir alle.

Wenn Sie sich unbedingt verlieben wollen – warum nicht in sich selbst?

Immer warst es
du & du & du
in Wahrheit aber
war es ich

ein neuer Versuch
ein neuer Gewinn
ein neuer Tod
erneutes Versinken in dunkler Nacht

Wiedergeburt
durch einen Blick
durch zärtliche Berührung
erneute Hoffnung
diesmal hält es ewig

erneute Enttäuschung
es hielt nicht was es versprach
es war nicht das letzte Mal

45

Begeben Sie sich nicht in Abhängigkeiten

Vorsicht vor allem, wonach Sie bereits süchtig sind oder süchtig werden könnten. Entzugserscheinungen sind normal. Fliehen Sie den Schmerz nicht. Leiden Sie.

Alkohol kann den Schmerz momentan betäuben, aber er fördert Depressionen und zieht meistens noch schlimmere Niedergeschlagenheit nach sich.

Drogen (Marihuana, Aufputsch- und Beruhigungspillen sowie andere chemische Suchtmittel) beeinträchtigen den natürlichen Heilungsprozeß und sollten gemieden werden. Eine verschlimmerte Depression ist der armselige Lohn für ein momentanes »High-Gefühl«.

Hüten Sie sich vor unkontrollierter Nahrungsaufnahme. Manchmal tendiert man dazu, aus Verzweiflung zu essen. Die Folge davon sind unerwünschte Pfunde, die das Selbstbild beeinträchtigen, was wiederum dazu führt, daß man sich noch deprimierter fühlt als vorher.

Ich habe es schon wieder getan

kein anderer Mensch hat die Macht
mir so entsetzlich weh zu tun
wie ich mir selbst

es ist das »Bedürfnis«

das »Bedürfnis« nach Liebe

ich brauche Liebe
weil ich mit mir nicht glücklich bin
weil ich mit mir nicht zufrieden bin

mir nicht mehr weh zu tun
bedeutet
den mühsamen Weg zu machen
an dessen Ende
ich mit mir zufrieden bin

das dauert seine Zeit
es ist ein mühsamer Weg

46

Verwöhnen Sie sich

Wenn Sie sich das Bein gebrochen haben und im Krankenhaus liegen, bringen Ihnen Freunde Blumen oder
Angehörige frisches Obst mit. Sie verbringen den ganzen Tag im Bett, lesen, sehen fern, die Schwestern kümmern sich um Sie, die Ärzte nicken Ihnen aufmunternd
zu, scherzen mit Ihnen und machen Ihnen Mut. Kurz,
Sie werden verwöhnt.

Wenn Sie aber ein gebrochenes Herz haben, erwarten
Ihre Freunde, daß Sie so lustig sind wie sonst, Ihre Angehörigen, daß Sie allen familiären Verpflichtungen nach-
kommen, und Ihr Arbeitgeber erwartet selbstverständlich, daß Sie so pünktlich, tüchtig und voller Energie
sind, wie man es von Ihnen gewohnt ist. Kurz, Sie müssen sich mit einer Umwelt auseinandersetzen, die nicht
akzeptiert, daß emotionaler Schmerz nicht nur weh tut,
sondern auch schwächt.

Die Lösung? Verwöhnen Sie sich selbst.

Verwöhnen Sie sich!

Nehmen Sie ein heißes Bad.

Massieren Sie sich oder lassen Sie sich massieren.

Trinken Sie vor dem Zubettgehen eine heiße Milch und knabbern Sie Kekse.

Kaufen Sie sich etwas, was Ihnen wirklich Freude macht.

Gönnen Sie sich eine Riesenportion Eis (mit Sahne!).

Lassen Sie sich manikürem, pediküren oder gehen Sie in die Sauna.

Verreisen Sie, oder machen Sie wenigstens einen Kurz-urlaub.

Faulenzen Sie in der Sonne.

Lesen Sie ein gutes Buch.

Sehen Sie sich einen schönen Videofilm an.

Nehmen Sie sich Zeit für sich.

Kaufen Sie sich ein Kaschmir-Irgendwas.

Besuchen Sie ein besonders gutes Restaurant.

Sehen Sie sich einen guten Film, ein Theaterstück, eine Oper, ein Pferderennen an.

Bummeln Sie durch ein Museum.

Kaufen Sie sich einen Blumenstrauß.

Geben Sie Ihren Launen nach.

Genießen Sie.

———————————

47

Heilsame Träume

Heilen ist eine Vollzeitbeschäftigung. Sie heilen vierund-
zwanzig Stunden am Tag, sogar während Sie schlafen.
Besonders dann, behaupten sogar Menschen, die es
wissen müssen.

Ihre Träume vermitteln Ihnen Botschaften, Informatio-
nen, Einsichten oder Belehrungen. Seien Sie Ihren Träumen gegenüber also aufgeschlossen. Legen Sie sich
eventuell ein Notizbuch auf den Nachttisch, damit Sie
sie aufschreiben können.

Muß der Körper Probleme lösen, die zu schmerzvoll
und beunruhigend sind, als daß man ihnen bewußt
begegnen könnte, schickt er manchmal Alpträume. Wir
alle wissen, wie erschreckend diese sein können. Doch
wenn Sie erst einmal erkannt haben, daß die Bilder eines
Alptraumes Ihnen nicht weh tun können, werden Sie in
der Lage sein, sie wie einen Film zu betrachten. Es mag
ein Horrorfilm sein, doch es bleibt immer noch ein Film.

Umgeben Sie sich bewußt mit Gutem und Licht, bevor
Sie einschlafen.

Und denken Sie daran: Was immer auch geschehen
mag, wie immer Ihre Träume aussehen werden, es wird
zu Ihrem Allerbesten sein.

Wolken verschlingen den Mond

Regentropfen sterben prasselnd
auf menschenleeren Bürgersteigen

Schleusengitter bersten

und
die Fee des Todes
stimmt laute Klagen an
weil unsere Liebe stirbt

48

Wenn Sie schlechter schlafen

Während des Heilungsprozesses kommt es gern zu Veränderungen der Schlafgewohnheiten. Unter Schlaflosigkeit leiden Sie, wenn Sie Schwierigkeiten haben einzuschlafen, während der Nacht mehrfach aufwachen oder
zu früh wach werden. Das ist nichts, worüber man sich
Sorgen machen müßte. Je nervöser man wird, desto
schlechter schläft man ein.

Trinken Sie vor dem Zubettgehen ein Glas warme, fett-
arme Milch. Hören Sie sanfte Musik. Wenn Sie mehr als
eine Stunde vergeblich versucht haben, einzuschlafen,
sollten Sie aufstehen und sich eine Weile mit etwas ande-
rem beschäftigen. Falls Sie mitten in der Nacht aufwachen, nehmen Sie sich ein Buch oder machen Sie das Radio an. Falls Ihnen Ihre Schlaflosigkeit jedoch allzusehr
zusetzt, suchen Sie einen gewissenhaften Arzt auf. Nur
auf seinen ausdrücklichen Rat hin sollten Sie Schlafmittel
einnehmen.

Andererseits ist es auch möglich, daß Sie »zuviel« schlafen. Dann führen Sie sich bitte vor Augen, daß man nach
einem Schock nie »zuviel« schlafen kann. Schlafen Sie so
lange, bis Sie von allein aufwachen. Machen Sie auch
tagsüber ruhig ein Nickerchen, wenn Ihnen danach ist
und die Umstände es zulassen.

Irgendwann einmal
bringe ich Ordnung

in den Kreislauf von Schmerzen
in dem ich mich immer verliere
wenn ich an jemandem hänge

ich habe so viel Zeit
zum Ordnungmachen
in all den vielen Nächten
in denen ich nicht schlafen kann

Mit der Einsamkeit kommt das Alleinsein und damit die Sehnsucht nach dir. Mit dir kommt der Schmerz und damit die Sehnsucht nach Einsamkeit.

49

Auch der Sex bleibt nicht beim alten

Häufig kommt es nach einem Verlust zum Nachlassen oder Verschwinden des Sexualtriebes. Auch das sollte Sie nicht beunruhigen. Der Körper braucht seine ganze Energie zum Heilen und holt sie sich, wo immer er sie bekommen kann.

Ebenso häufig kommt es nach einem Verlust zu Schwierigkeiten oder Versagen beim Sexualverkehr. Dies ist frustrierend und manchmal peinlich, aber ebenfalls kein Grund, nervös zu werden. Jetzt ist nicht der richtige Augenblick, noch mehr Druck auf sich auszuüben. Besser ist es, eine Sex-Pause einzulegen. Das ist völlig in Ordnung.

Ihre Bedürfnisse werden sich ganz natürlich wieder einstellen, wie auch die Störungen von selbst verschwinden werden, wenn dem Körper die Chance gegeben wurde, sich zu heilen.

Wer hat das L
verschwinden lassen
aus dem Wort
(L) over?

50

Zeit ist kein Maßstab

Lange Zeit Kummer zu empfinden ist kein Beweis dafür, daß Sie »wirklich geliebt« haben.

Selbstverständlich haben Sie wirklich geliebt. Wäre es anders, hätten Sie den Verlust gar nicht als Verlust empfunden.

Die Tatsache, daß Sie sich schnell erholen, ist der Beweis, daß Sie Ihre Energien auf den Heilungsprozeß konzentrieren, bedeutet aber unter keinen Umständen, daß Sie nicht von ganzem Herzen geliebt haben.

Sie sind nicht verpflichtet, länger Kummer zu empfinden, als es tatsächlich nötig ist.

*Ich vermisse
dich viel mehr
als ich dich je geliebt habe*

51

Umgeben Sie sich mit Güte und Licht

Bitten Sie, wann immer es Ihnen in den Sinn kommt, darum, daß Güte und Licht Sie umgeben mögen.

»Gut« ist ein so abgegriffener Begriff. Denken Sie eher an »Güte« oder »Gott« oder »Gottes Gnade«.

Licht spielt in fast allen Religionen eine große Rolle. Denken Sie an »Erleuchtung«, an das Licht in der Natur, die Flamme des Heiligen Geistes, das Sonnenlicht.

Wenn Sie um Licht und Güte beten, bitten Sie auch darum, daß beides zu Ihrem eigenen höchsten Gut sowie zum Besten aller Betroffenen wirken möge.

Nehmen Sie Güte und Licht tief in sich auf. Jede einzelne Zelle Ihres Körpers soll davon durchdrungen werden, besonders die (geistigen, emotionalen oder körperlichen) Bereiche, die der Heilung bedürfen.

Darum zu bitten, daß Licht und Güte Sie umgeben, erfüllen, beschützen und heilen mögen, dauert nicht lange – ein paar Sekunden vielleicht, etwa so lange, wie Sie zum Lesen dieses Satzes brauchen.

Es nimmt, wie gesagt, so wenig Zeit in Anspruch, doch der potentielle Lohn ist so groß, daß wir es für eine gute Investition in Ihre Heilung und Ihr Wachstum halten.

Das Leben
ist
kein Kampf
es ist
ein Ententanz

52

Beten, Meditieren, Nachdenken

Gerade jetzt ist der Augenblick, zu beten, zu meditieren, nachzudenken. Welche Methode man dabei anwendet, ist unerheblich.

Wenn Sie zur Ruhe kommen, kann es sein, daß der Schmerz sehr deutlich wird. Das ist gut. Lassen Sie ihn an die Oberfläche dringen und setzen Sie Ihre innere Arbeit fort.

Schmerz, der beim Beten, Meditieren oder Nachdenken auftaucht, heilt auf natürliche Weise ab.

Wenn Sie beten, bitten Sie vor allem um die Kraft durchzuhalten, die Fähigkeit zu heilen und die Klugheit dazuzulernen.

Gestern nacht habe ich dich vermißt
heute morgen habe ich dich vermißt
ich meditierte
jetzt vermisse ich dich nicht mehr
ich liebe dich

53

Schreiben Sie Tagebuch

Es kann sehr hilfreich sein, sich einem Tagebuch anzuvertrauen.

Gedanken und Emotionen zu Papier zu bringen ist sehr geeignet, Dinge herauszulocken und zu ordnen.

Fühlen Sie sich nicht verpflichtet, jeden Tag in Ihr Tagebuch zu schreiben. Tun Sie es nur, wenn Ihnen danach ist und Sie daran denken.

(Die Autoren dieses Buches haben alle irgendwann einmal den Versuch gemacht, ein Tagebuch zu führen. Bis jetzt ist es nur einem von uns gelungen, seinen Vorsatz mehr als einen Monat durchzuhalten.)

Ich schreibe nur
bis ich weine
das ist der Grund
warum in diesem Monat
so wenige Gedichte
fertig wurden

weil
ich schreibe nur

. . .

54

Traurigkeit ist auch schön

In Traurigkeit ist auch eine gewisse Schönheit. (Wir meinen echte Traurigkeit, nicht Selbstmitleid.)

Wir wollen uns nicht weiter darüber auslassen, dachten aber, es sei erwähnenswert. Wenn Sie Freude an der Schönheit des Traurigseins finden, würden wir dies sehr begrüßen.

Du hast
in meinem Zimmer
viele Spuren hinterlassen

ein hingekritzelter Vers
auf dem Rand eines Buches

ein Eselsohr geknickt
in einem andren Buch

ein Bett
das nach dir riecht

wo bist du heute abend?

in wessen Zimmer hinterläßt du
heute deine Spuren?

vielleicht entdeckst du grade eben
Spuren auf deiner Seele
die ich dort hinterließ?

55

Halten Sie durch

Versuchen Sie nicht, den Heilungsprozeß künstlich zu unterbrechen. Gehen Sie bis ans Ende.

Die Zeit der Gesundung ist sehr wichtig.

Meiden Sie eine Weile verzehrende, leidenschaftliche Romanzen oder neue Projekte, die viel Zeit und Energie erfordern.

Folgen Sie Ihrer Alltagsroutine – und lassen Sie sich heilen. Wenn Sie dem Schmerz nicht erlauben, gänzlich abzuklingen, riskieren Sie eine künftige emotionale Überempfindlichkeit.

Lassen Sie sich heilen.

Es wird nie mehr sein wie einst
ich werde nie mehr sein wie einst

du bist gekommen
wir haben uns geliebt
du bist gegangen

ich werde überleben bis ich überlebe

und eines schönen Tages
bin ich wieder am Leben

und irgendwann
läuft parallel zu meinem
ein anderer neuer Weg
für eine Weile jedenfalls

und wieder irgendwann
kommst du zurück
und ich merke schnell
es ist nicht mehr wie einst

56

Sagen Sie »Ja« zu sich

Sich zu bejahen macht stark. Bejahen Sie Ihre liebenden, heilenden und positiven Gedanken, die Sie in bezug auf sich selbst und Ihr Leben haben.

Eine Bejahung beginnt gewöhnlich mit: »Ich bin...« und wird immer im Präsens formuliert: »Ich bin gesund, reich und glücklich.« Nicht: »Ich möchte gesund, reich und glücklich sein.« Behandeln Sie also Ihre Wünsche so, als wären sie bereits in Erfüllung gegangen.

Wiederholen Sie laut und immer wieder folgende Bejahungen (oder andere, die Ihnen einfallen):

* »Ich bin am Leben. Ich überlebe.«
* »Ich heile.«
* »Ich gebe mich dem Heilungsprozeß hin.«
* »Ich werde ganz gesund.«
* »Ich heile auf natürliche Weise.«
* »Ich bin freundlich zu mir selbst.«
* »Mein Herz heilt.«
* »Ich bin stärker.«
* »Ich habe den Mut zu wachsen.«
* »Ich bin für so vieles dankbar.«
* »Ich bin geduldig mit meiner Heilung.«
* »Meine Geduld überdauert meinen Schmerz.«

Ich bin
das Netteste
was ich je für mich tun konnte

57

Malen Sie sich etwas Schönes aus

Sich etwas auszumalen bedeutet sich etwas vorzustellen, was in der Zukunft passieren wird.

Jeder von uns tut das. Sehr häufig sogar. Wir denken über die Zukunft nach und sehen sie entweder positiv oder negativ. Wenn wir uns eine einsame, trostlose Zukunft vorstellen, machen wir uns ein negatives Bild und schaffen uns damit eine Menge Probleme.

Nehmen Sie sich einen Augenblick Zeit, und malen Sie sich eine positive Zukunft aus. Stellen Sie sich vor als: geheilt, glücklich, lebendig, liebend und geliebt.

Bedienen Sie sich Ihrer Sinne. Sehen, fühlen, hören, schmecken und riechen Sie Ihre erfreuliche, gewinnbringende Zukunft.

Gehen Sie dabei langsam vor – anfangs eine Minute oder so. Nehmen Sie sich von Mal zu Mal mehr Zeit, um sich Ihre positive Zukunft vorzustellen, indem Sie Bild an Bild, Tag an Tag reihen.

Bald wird Ihre Gegenwart die positive Zunkunft sein, die Sie sich jetzt ausmalen.

Wenn wir
zusammen sind
dann sind wir Eins

wenn wir
nicht zusammen sind
ist jeder ein Ganzes

davon laß uns träumen
dies laß unser Ziel sein

58

Auch Farben helfen heilen

Jeder von uns hat schon die Erfahrung gemacht, daß gewisse Farben bestimmte Effekte hervorrufen. Betreten wir einen schwach beleuchteten, schwarz gestrichenen Raum, empfinden wir anders, als wenn wir in einen hellerleuchteten, in Gelb gehaltenen Raum hineingehen.

Umgeben Sie sich so viel wie möglich mit Farben, die Fröhlichkeit ausstrahlen: gelb, orange, rot und Pastelltöne.

Grün wirkt beruhigend und fördert darum Heilung und Wachstum. Umgeben Sie sich mit viel Grün – in Kleidung, Nahrung, Einrichtung, Pflanzen.

Meiden sie dagegen Schwarz und Blau – Sie haben bereits genügend Verletzungen davongetragen.

Farben
haben mich geheilt

59

Lachen Sie!

Lachen beeinflußt den Heilungsprozeß besonders positiv. Lachen Sie so oft wie möglich – unabhängig davon, was Sie dazu anregt.

Sehen Sie sich einen lustigen Film an, lesen Sie ein amüsantes Buch, sprechen Sie mit Menschen, die Sie zum Lachen bringen. Lassen Sie sich von Freunden spaßige Anekdoten, Geschichten und Witze erzählen.

Sogar über Ihr »Schicksal« zu lachen ist völlig in Ordnung. Eine Tragödie hat immer auch etwas Komisches, eine Komödie immer etwas Tragisches. Ihr Verlust, Ihre Reaktionen darauf oder die Erinnerungen an das, was Sie verloren haben, entbehren bestimmt nicht einer gewissen Komik. Erkennen Sie sie – es fördert die Heilung.

Den Verlust auch mit Humor zu betrachten ist kein Verrat gegenüber dem geliebten Objekt.

Im Gegenteil kann Humor der Beziehung sogar zur Ehre gereichen.

Warum falle
ich immer wieder rein?
auf Ego-Reise
in Hühner-Scheiße?

60

Inzwischen ...

Während der Heilungsprozeß andauert, erkennen Sie:
* Ihr Denkvermögen wird schärfer
* Ihr Urteil wird vernünftiger und vertrauenswürdiger
* Ihre Konzentrationsfähigkeit und Ihr Erinnerungsvermögen haben sich gebessert
* Sie haben das Bedürfnis, mehr mit anderen zusammen zu sein
* Sie haben das Bedürfnis, mehr für andere zu tun
* Ihre Gefühle sind überschwenglicher, optimistischer und lebendiger geworden.

Sie fühlen sich stärker, zufriedener und unabhängiger. Sie sind unternehmungslustiger, erlebnishungriger und gespannter auf Neues.

Ein neuer Morgen
in diesem neuen Leben
ohne dich

na und?

es wird andere geben
viel feiner
mehr mein-er

bis dahin
gibt es ja mich

und
weil ich dich gut behandelt habe
mag ich mich lieber

auch geht die Sonne auf

WACHSEN

und durch
all die Tränen
all die Trauer
all den Schmerz
dringt ein Gedanke
der mich innerlich
wieder lächeln läßt:

ich habe geliebt

61

Sie sind jetzt stärker

Sie haben einen Verlust erlitten, sind ihm mit Mut begegnet (zumindest *manchmal*) und haben überlebt.
Sie haben gelernt:
* Sie können überleben
* der Schmerz läßt nach
* viele Ihrer Befürchtungen sind *nicht* eingetreten
* die Heilung macht sich bemerkbar.

Überlassen Sie sich nun nicht einfach dem Heilen und
Überleben, verwenden Sie diese Erfahrung als Sprung-
brett für größeres Wachstum.

Bald kommt der letzte Tag
meiner Liebe zu dir

und ich schreibe
eines der letzten Gedichte
die sich nur um dich drehen

der Herbst vergeht
der Schmerz läßt nach

der Winter ist zu heftig
da vermisse ich keinen

heute fällt das letzte Blatt

morgen fällt der erste Schnee

62

Es geht weiter

An einem gewissen Punkt (der von Verlust zu Verlust, von Mensch zu Mensch verschieden ist) ist es an der Zeit, den Verlust hinter sich zu lassen.

Seien Sie nicht überrascht, wenn Ihnen der Prozeß des Trauerns momentan ein bißchen fehlt. Manche Menschen trauern über den Verlust der Trauer.

Lassen Sie die Vergangenheit hinter sich. Freuen Sie sich auf die Zukunft.

Natürlich wird es hin und wieder vorkommen, daß Sie einen Blick über die Schulter zurückwerfen. Konzentrieren Sie sich trotzdem hauptsächlich auf die Zukunft.

Ungewißheit ist aufregend – lassen Sie sich davon stimulieren und genießen Sie sie.

Ich werde das Gefühl vermissen
dich zu lieben

ich werde den Trost vermissen
den ich in deinen Armen fand

ich werde das Alleinsein vermissen
das ich deutlich empfand
wenn das Telefon stumm blieb

ich werde die Freude vermissen
die dein Kommen bedeutete
ich werde die Qual vermissen
die dein Gehen bewirkte

ich werde es eines Tages vermissen
dieses Vermiß-Gefühl dich zu lieben

63

Vergeben heißt freigeben

Verzeihen bedeutet nicht nur vergeben, es bedeutet auch freigeben.

Jesus, das wahrscheinlich bekannteste Vorbild in Sachen Vergebung (»vergib ihnen, denn sie wissen nicht, was sie tun!«), verwendete das aramäische Wort *shaw*, wenn er von Vergebung sprach. *Shaw* bedeutet »den Knoten lösen«.

Ein Stein, um den Hals gebunden, zieht Sie in die Tiefe. Wenn Sie *verzeihen* (also den Knoten lösen), können Sie dem Licht entgegenschwimmen.

Wenn Sie der Vergangenheit verzeihen, binden Sie sich quasi von ihr los und sind damit frei.

Zu vergeben bedeutet auch eine Gunstbezeugung. Wenn Sie verzeihen, erweisen Sie die Gunst, etwas zu geben.

Wem geben Sie etwas? Anderen? Manchmal. Sich selbst? Immer. Wenn Sie jemanden freigeben, damit er oder sie seinen eigenen Weg verfolgen kann, dann befreien Sie sich: Sie nehmen sich die Freiheit, das gleiche zu tun.

Sich selbst dieses Geschenk der Freiheit zu machen – das ist Vergebung.

Zu vergessen
ist schwierig

sich zu erinnern
ist schlimmer

Verzeihen Sie dem anderen

Verzeihen Sie dem anderen, sobald Sie sich dazu in der
Lage fühlen.

Sie tun es nicht für den anderen, Sie tun es für sich selbst
– für Ihren Seelenfrieden und für die Qualität Ihrer zu-
künftigen Beziehungen.

Eine einfache, aber erstaunlich effektive Technik des
Verzeihens lehrt John-Roger. (Günstig ist es, wenn Sie
sich vor Beginn dieser Übung mit Güte und Licht umgeben.) Sagen Sie: »Ich verzeihe... (der Person, die den
Verlust verursacht hat)... (das, was sie getan hat, um
den Verlust zu verursachen).« Das ist der erste Teil des
Verzeihens. Dann sagen Sie: »Ich vergebe mir selbst...
die Verurteilung (derselben Person)... (wie oben).«

Der zweite Teil des Verzeihens – sich selbst vom Verurteilen anderer freizusprechen – ist wichtig, wird aber
häufig übersehen. Indem Sie das Verhalten des anderen
Menschen verurteilen, fügen Sie sich selbst eine emotionale Wunde zu. Wenn Sie dem Ex-Partner verzeihen,
müssen Sie sich auch Ihre Verurteilung seines Verhaltens
vergeben.

Es kann sein, daß Sie die obigen Sätze häufig wiederholen müssen, um den Knoten der Verfehlungen und Verurteilungen zu lösen – geben Sie trotzdem nicht auf. Sie
können und werden frei sein.

Die Liebe

die ich dir gebe
stammt aus zweiter Hand

zuerst habe ich sie empfunden

Verzeihen Sie sich selbst

Verzeihen Sie sich, sobald Sie sich dazu in der Lage fühlen.

Verzeihen Sie sich alle Irrtümer, Verfehlungen, Schwächen, Versäumnisse, Entgleisungen, Dummheiten, Beleidigungen und Fehler, von denen Sie glauben, daß sie den Verlust verursacht haben.

Sich selbst zu verzeihen geht genauso wie einem anderen zu verzeihen. Umgeben Sie sich zuerst mit Güte und Licht und sagen Sie: »Ich vergebe mir... (die Verfehlungen).« Dann fügen Sie hinzu: »Ich verzeihe mir, mich selbst verurteilt zu haben für... (dieselben Verfehlungen).«

Auch hier ist am wichtigsten, daß Sie sich die Verurteilungen Ihrer selbst für etwas, was Sie getan (oder nicht getan) haben, vergeben. Wer (abgesehen von Ihren Eltern, Lehrern, der Gesellschaft und fast allen anderen) hat verlangt, daß Sie perfekt sein müssen?

Wie sagt John-Roger so richtig? »Wir sind nicht perfekt, wir sind Menschen.«

Verzeihen Sie sich, menschlich zu sein, verzeihen Sie sich die Verurteilung Ihrer Menschlichkeit.

Schließen Sie Frieden mit sich.

In einem kritischen Augenblick
habe ich gesagt:

mir wäre lieber du gehst
und ich bedaure dein Gehen
als du bleibst
und ich bedaure dein Bleiben

vielleicht lerne ich eines Tages
den Mund zu halten

66

Machen Sie Inventur

Jetzt, da der Schmerz nachgelassen hat, wird der Raum für Verstehen größer.

Vielleicht beginnen Sie schon die Veränderung und die Trennung als natürlichen, unvermeidbaren und notwendigen Teil Ihres Lebens anzusehen.

Die Beziehung hat Ihnen sehr viel Gutes gebracht (deswegen haben Sie sie ja auch so vermißt, als sie nicht mehr da war). Vieles davon ist Ihnen geblieben. Der Zeitpunkt ist gekommen, eine Inventur des Guten zu machen. Bilanzieren Sie etwa:
* er hat sie gelehrt, gutes Essen zu schätzen
* sie hat Ihr Interesse für Wintersport geweckt.

Weil Sie geliebt haben, sind Sie ein besserer Mensch geworden.

Wenn ich die Aschenreste
unserer Beziehung durchsiebe

finde ich viele Dinge
für die ich dankbar bin

dank dir kann ich jetzt »danke« sagen
für morgendliche Wärme
für kalte Eiweiß-Drinks
für all die Liebe
die du einer andern gabst

dank dir kann ich jetzt »danke« sagen
für deine Bereitschaft
dich mit-zu-teilen

dank dir kann ich jetzt »danke« sagen
für die zahlreichen Gedichte
denn du warst meine Inspiration
für die vielen Veränderungen
denn du warst mein Katalysator

doch wie soll ich dir »danke« sagen
ohne zu stammeln und zu stottern
für
Beethoven
?

67

Sie haben geliebt!

Sie haben geliebt.

Sie wurden in Mitleidenschaft gezogen.

Sie haben gelernt, sich einzubringen.

Ihr Wirken ermöglichte Liebe.

Und obwohl Sie verloren haben, sind Sie als besserer Mensch hervorgegangen – denn Sie haben geliebt.

Du warst die beste aller Lieben
du warst die schlimmste aller Lieben

doch unbewußt hast du mich reich beschenkt:

durch dich überprüfte ich mein
Bedürfnis (mein Begehren)
nach einem andern, der mein Leben teilt

durch dich war ich gezwungen
eine unfreiwillige, doch sicher notwendige
Neubeurteilung
meiner selbst, meiner Verhaltensmuster
Beziehungskisten & dazugehörender Veränderung
von Reaktionen zu überprüfen
das ist Wachstum

jetzt bin ich meinen Gefühlen näher
auch den Menschen und Dingen um mich herum
das ist Leben

jetzt bin ich auch an Gedichten reicher
(den besten und den schlimmsten)
die nie geschrieben worden wären
ohne deine Zerrissenheit

danke

68

Sie hatten Mut!

Sie haben sich in eine Beziehung eingebracht und sind jetzt stärker, reicher und klüger – auch wenn diese Beziehung mit einer Trennung endete.

Loben Sie sich für den Mut, eine Beziehung eingegangen zu sein.

Es war sehr couragiert, zu lieben und sich damit verletzbar zu machen. Loben, preisen und feiern Sie Ihre Courage.

»Es ist weitaus besser, geliebt und verloren, als überhaupt nie geliebt zu haben.« Das mag sich wie ein Gemeinplatz anhören, ist aber doch der Überlegung wert. Jetzt ist der Zeitpunkt gekommen herauszufinden, was Sie aus Ihrem Verlust gelernt haben, und zu erkennen, was er Gutes gebracht hat.

Liebe
unabhängig wofür man sie empfindet
ist immer Liebe

das Objekt
verändert nicht das Gefühl

aber das Gefühl
wechselt häufig das Objekt

69

Veränderungen

Ein neues Kapitel Ihres Lebens hat begonnen.

Es liegt in Ihrer Hand, die Veränderungen vorzunehmen, die es erfordert.

Seien Sie darauf vorbereitet, zwei oder drei Korrekturen vorzunehmen.

Der Zeitpunkt ist günstig für Experimente: mit neuen Verhaltensweisen, neuen Aktivitäten und neuen Möglichkeiten, Ihre alltäglichen Bedürfnisse zu befriedigen.
Das erfordert Mut, ist aber spannend.
Es kann sogar Spaß machen.

Das Bedürfnis
das du hast wachsen lassen
ist immer noch da

doch immer weniger
scheinst du derjenige zu sein
der dieses Bedürfnis erfüllen kann

ich bin

70

Ein Neubeginn

Seien Sie empfänglich.

Empfänglich für neue Menschen, Orte, Ideen, Erfahrungen. Es ist an der Zeit, die Einstellung »Ich will nie wieder lieben – lieben bringt Leid« weit hinter sich zu lassen.

Tun Sie Ihr Bestes, um
* vertrauensvoll zu bleiben
* sich eine lebendige Neugier zu erhalten
* lernbegierig zu sein.

Besuchen Sie neue Orte.

Der Augenblick ist günstig, um
* die Wohnung neu einzurichten (oder sie wenigstens gründlich zu putzen)
* sich neue Kleider zuzulegen
* etwas zu lernen, was Sie schon immer gereizt hat (töpfern, malen, was auch immer)
* sich neue Ziele zu stecken (und auch zu verfolgen).

Der Unterschied zwischen
Liebe und lieben

ist der Unterschied zwischen
Fisch und fischen

71

Neue Menschen

Lernen Sie neue Menschen kennen – Geschäftspartner, Kollegen, Freunde.

Besuchen Sie Konzerte, Theateraufführungen, Seminare, gesellschaftliche Veranstaltungen – einfach jede öffentliche Versammlung verwandter Seelen. (Keine Angst, dort kann man ohne weiteres allein auftauchen.)

Lernen Sie Ihre Nachbarn kennen.

Bringen Sie den Mut auf, sich jemandem vorzustellen – selbst einem Wildfremden.

Wenn Sie eine neue Bekanntschaft machen, stellen Sie Fragen, die ausführlicher beantwortet werden müssen als mit einem knappen »Ja« oder »Nein«.

Es ist besser, »Wie«- und »Warum«-Fragen zu stellen, als sich nur nach dem »Was« oder »Wer« zu erkundigen.

*Ich bin
kein völlig Fremder*

*ich bin
bloß ein Fremder*

72

Neue Interessen

Entwickeln Sie neue Interessen.

Bogenschießen hat Sie immer schon fasziniert? Oder wie wäre es mit Wasserpolo? Marco Polo? Piano Solo?

Wollten Sie nicht schon immer einen Computer besitzen?

Oder eine neue Sprache lernen? Eine alte auffrischen? (Deutsch, vielleicht?) Wie wäre es mit einem Kurs in Buchhaltung – oder Bienenzucht?

Gärtnern? Nähen? Einmachen? Am Auto basteln? Weben? Kochen? Lesen Sie. Lernen Sie. Tun Sie etwas Neues.

73

Die alten nicht vergessen

Vergessen Sie nicht Ihre alten Interessen und gewohnten Aktivitäten, die Sie in letzter Zeit etwas vernachlässigt haben. Entdecken Sie wieder, was Sie früher erfreut, begeistert, befriedigt hat.

Bei der Wahl neuer und alter Interessen gilt: Gehen Sie Beschäftigungen nach, die mit Menschen zu tun haben, aber auch solchen, die Sie am besten alleine ausüben.

74

Gruppen

Vielleicht sind Sie schüchtern, und es fällt Ihnen schwer, neue Kontakte zu knüpfen. In Gruppen lernt man ganz leicht neue Menschen kennen.

Es gibt unzählige verschiedene Gruppen, denen man sich anschließen kann. Sei es, um etwas zu lernen, zu reisen, um Menschen kennenzulernen, Traditionen zu pflegen, einer guten Sache zu dienen. Es gibt wirklich unglaublich viele Möglichkeiten.

Eines Tages werden wir ein Liebespaar
oder gar ein Ehepaar
zumindest haben wir eine Affäre

und wie heißt du?

75

Gute Vorsätze

Eventuell gibt es Dinge, die Sie an sich als störend emp-
finden und die Sie verändern wollen. Der Augenblick ist
günstig.
* Machen Sie eine Diät
* Hören Sie auf zu rauchen
* Entsagen Sie dem Alkohol
* Beginnen Sie ein Fitneßprogramm.

Gehen Sie sanft mit sich um, aber setzen Sie sich ein reali-
stisches Ziel.

Verbessern Sie zur selben Zeit Ihre positiven Eigenschaf-
ten. Seien Sie noch
* toleranter
* vertrauenswürdiger und vertrauensvoller
* hilfsbereiter
* freigebiger
* interessierter
* liebevoller
* mehr Sie selbst.

Reife
hat etwas Magisches

mal siehst du sie
mal nicht

76

Worte haben Macht

Nicht verwenden sollten Sie »sollten«.

Sagen Sie niemals »nie«.

Wir wünschten uns, sie würden nicht »wünschen« sagen.

Hoffentlich geben Sie die »Hoffnung« auf.

Vielleicht sind Sie besser dran ohne »vielleicht«.

Sie müssen nicht »müssen«.

Die Dinge sind selten schwarz oder weiß. Wir leben in einer Welt aus Worten wie »oft«, »manchmal« und »selten«. Die Verwendung dieser Worte gibt Ihrer Umwelt mehr Freiheit. Mehr Freiheit, Sie selbst zu sein, menschlicher zu sein, einfach – zu sein.

Gestehen Sie sich dieselbe Freiheit zu.

Ich habe schon viel
über die Gefahren gehört
wenn einer über seine Verhältnisse lebt

was mich jedoch beunruhigt
ist meine momentane Neigung
unter meinem Wert zu leben

77

Bloß nicht schwarz-weiß

Ihre Beziehung zu dem Menschen, den Sie geliebt haben, war sowohl »gut« als auch »schlecht«. So ist das Leben.

Das Leben ist nicht »entweder« gut »oder« schlecht. Das Leben besteht aus beidem: gut *und* schlecht.

Man lebt nicht in einem Extrem und bemüht sich das andere zu eliminieren. Das Leben findet zwischen den Extremen statt.

Nach einem Verlust tendiert der Mensch dazu, auf der dunkleren Seite des Lebens zu verweilen und sich nach einer Zeit zu sehnen, in der alles wieder »perfekt« ist.

Das Leben war noch niemals vollkommen. Das Leben ist immer *beides:* vollkommen *und* unvollkommen. So war es von jeher, und so wird es immer sein.

Willkommen im Leben.

Vollkommene Freude und
vollkommenes Leid

eins folgt dem andern
dem andern folgt eins

Pole – Extreme
des Gefühlslebens
und alle Punkte dazwischen

eins folgt dem andern
dem andern folgt eins

auf und ab – ab und auf
wie ein Boot auf den Wellen

78

Entscheidungsfreiheit

Genießen Sie Ihre Freiheit.

Sie haben sich unter Kontrolle.

Machen Sie das Beste aus Ihrer Wahlfreiheit in bezug
auf:

* wo
* was
* wie
* wann
* warum
* mit wem.

Sie sind in der Lage (und zwar bestens), die notwendigen
Entscheidungen zu treffen, um

* zu sortieren
* zu säubern
* aufzuräumen
* abzuwerfen
* zu erwerben.

Sie bringen wieder Ordnung in Ihre Welt. Sie können
sich die Welt aussuchen, die Sie um sich herum haben
möchten.

Ich möchte
mein Leben nicht
um dich herum bauen

aber

ich möchte
dich einschließen
in mein Lebens-Gebäude

79

Hilfe kann man immer brauchen

Lassen Sie sich beim Erreichen Ihrer Ziele von anderen helfen.

Machen Sie jedoch die Verfolgung Ihres Zieles nicht von der Zustimmung oder Unterstützung anderer abhängig.

Wenn Sie niemand nach Hawaii begleiten möchte, fliegen Sie eben – aloha – allein.

Zu lieben ist ein Risiko

wenn es nun nicht klappt?

was aber wenn es klappt?

Akzeptieren Sie, daß andere »Nein« sagen

Ablehnung ist nicht persönlich gemeint.

Wenn zu Ihnen jemand »Nein« sagt, bedeutet das, daß er zu einem anderen Teil *seines* Lebens »Ja« sagt. Das hat nichts mit Ihnen zu tun. Also nehmen Sie es nicht persönlich.

Wenn Sie lernen, den anderen zu gestatten, daß sie »Nein« sagen, und auch lernen, sich nicht darüber zu ärgern, werden Sie zweifach belohnt: (1) sind Sie weniger sauer und (2) fällt es Ihnen leichter, andere häufiger um etwas zu bitten. (Wenn Sie ein »Nein« nicht als Zurückweisung empfinden, verlieren Sie die Angst vor Zurückweisung.)

Je mehr Menschen Sie bitten, desto größere Chancen haben Sie, das zu bekommen, was Sie wollen.

Wenn ein Drittel der Menschen, die Sie um etwas bitten, »Ja« sagt, ist das ein sehr gutes Ergebnis. Selbst wenn von 100 nur einer »Ja« sagt, ist es einer mehr, als wenn Sie nicht gefragt hätten.

Ich weiß nicht
wie man verliert

das ist Teil des Problems

ich weiß auch nicht
wie man gewinnt

das ist der andere Teil

81

Freuen Sie sich, wenn andere »Ja« sagen

Manche Menschen fürchten Einwilligung mehr als
Zurückweisung.

Die Ursache liegt gewöhnlich in mangelndem Selbstbewußtsein. Ist man sich seines eigenen Wertes nicht
sicher, schleichen sich Gedanken ein wie: »Sie will mit
mir ausgehen? Ich dachte, sie hätte einen guten
Geschmack.« Oder: »Die wollen mich tatsächlich einstellen? Stimmt was mit der Firma nicht?«

Das Geheimnis der Selbstachtung besteht darin, Gutes
zu tun und sich daran zu erinnern, daß man es getan hat.

Lernen Sie Zuspruch zu akzeptieren.

Wenn Sie Komplimente hören wie: »Sie sehen bezau-
bernd aus«, »das war aber schön«, »ich schätze Ihr Können«, »ich fühle mich wohl mit Ihnen«, weisen Sie sie
nicht zurück, sondern akzeptieren Sie sie.

Hilf mir

zeig mir
ich kann lieben
ohne
Bedenken und Ängste
Betrug und Frustration

zeig mir
das Antlitz Gottes

Angst kann auch ein Freund sein

Wenn wir ein Gefühl mit »Angst« bezeichnen, neigen wir dazu, vor der Handlung, die die Angst hervorruft, zurückzuschrecken (grundsätzlich alles Neue).

Wenn wir dasselbe Gefühl mit »Aufregung« oder »Abenteuer« bezeichnen, haben wir die Energie, das Neue voller Schwung und Begeisterung zu bewältigen.

Angst ist die Energie, die uns befähigt, eine ungewohnte Situation mit Bravour zu meistern.

Es besteht kein Grund, die Angst »loswerden« zu müssen. Wir sollten lediglich unsere Haltung gegenüber der Angst umprogrammieren. Wenn wir sie als Freund betrachten, ist sie ein wundervoller Gefährte bei der Erforschung des Unbekannten.

Die Welt ist gut

ich fühle mich als Ganzes
& nutzbringend geleitet

nimm teil an meiner Lebensfreude

Gänse tun es – ich kann es nicht
mein Lächeln ist kein Gänsemarsch

83

Tun Sie was!

Haben Sie vor etwas Angst?

Unternehmen Sie etwas dagegen.

Handeln Sie. Unternehmen Sie etwas, um sich zu korrigieren, mitzuteilen, eine Lösung zu finden oder sich selbst zu erziehen.

Das Handeln kann in etwas so Einfachem bestehen wie einen Anruf zu machen, einen Brief zu schreiben, ein Buch zu lesen, einen Spaziergang zu machen.

Vielleicht finden Sie heraus, daß es nichts gibt, wovor Sie sich ängstigen müssen. Falls aber doch, nutzen Sie die Angst als Energie, um eine Verbesserung zu erreichen.

Wir sind so gute Freunde
du & ich

wir sind erst so
kurze Zeit zusammen

und schon
bin ich nicht mehr traurig

84

Verschieben Sie das Verschieben

Wir werden dieses Kapitel wirklich bald schreiben.

Ehrlich.

Wir versprechen es.

Wir schwören es.

Morgen.

Spätestens Donnerstag.

In meinem Kopf
habe ich
ein wunderbares Gedicht
über das Zaudern...

Ich schicke es dir
bald

sobald ich es
aufgeschrieben habe

85

Und wieder die Vergangenheit

Denken Sie daran: Auch während Sie wachsen, geht der
Heilungsprozeß weiter.

Gelegentlich kommen die Erinnerungen zurück. An
einem Sonntagmorgen oder wenn »unser Lied« im
Radio gespielt wird.

Richten Sie sich darauf ein. Sie werden nicht wieder in
Depressionen versinken. Es handelt sich einfach um die
Gezeiten des Heilens und Wachsens.

Geben Sie sich dem Gefühl hin. Es wird bald
vorübergehen.

Unsere gemeinsame Zeit ist vorbei
das weiß ich

warum fallen mir dann Worte ein
die mich an dich erinnern?

warum plane ich dann Lebenszeit
die dich mit einschließt?

warum quäle ich mich dann mit Liebe
die ich nie empfunden habe
als du noch bei mir warst?

86

Gedenktage

Gedenktage, Geburtstage oder andere wichtige Erinnerungen dieser Art können den Verlust en miniature wieder in Erinnerung bringen.

Denken Sie daran, daß Sie sich diesmal schneller von
dem Schmerz, der durch die Erinnerung hervorgerufen
wird, erholen werden. Alles, was Sie am Anfang gelernt
haben, um zu überleben, zu heilen und zu wachsen,
funktioniert auch beim zweitenmal. Der dritte Geburts-
tag wird schon weniger schmerzen; der vierte sogar
noch weniger.

Planen Sie für bevorstehende Gedenktage besonders
erfreuliche, ablenkende und befriedigende Aktivitäten.

Schließlich werden Sie sich nur noch an das Lieben
erinnern.

Fürwahr zwei Jahre sind schon vergangen
seit wir das letzte Mal miteinander redeten

du leitest einen Kirchenchor
irgendwo

die Pausen zwischen deinen Sätzen sind länger
schöpferischer soll alle Welt glauben
sie beunruhigen mich wie eh und je

du nennst mich »eine Person aus der Vergangenheit«
unfähig meine heutige Person zu akzeptieren

Fragen werden mit Fragen beantwortet
Behauptungen schweigend in Frage gestellt

deine Zweideutigkeit
und meine Zwiespältigkeit
prallen ein letztes Mal aufeinander

87

Einsamkeit

Genießen Sie es, wieder allein zu sein.

Erforschen und genießen Sie das Alleinsein.

»Allein« ist nicht gleichbedeutend mit »einsam«.
Beschäftigungen, denen Sie allein nachgehen, sind
* erholsam
* friedlich
* aufregend
* erfreulich
* kreativ
* eine gute Gelegenheit, mit dem wichtigsten Menschen Ihres Lebens zusammen zu sein – mit Ihnen!
* lustig.

Sich allein freuen zu können ist die Voraussetzung dafür, daß Sie sich wirklich mit anderen freuen können.

Man tut etwas für sich
(allein)
gleichzeitig aber auch für sich
(selbst)

88

Kreativität

Ihre kreativen Energien kommen wieder deutlich zum Vorschein.

Nutzen Sie sie.

Schreiben? Singen? Tanzen? Theater spielen? Rezepte erfinden?

Tun Sie es.

Wußten Sie schon, daß Sie ein Dichter sind? Beweisen Sie es sich: Finden Sie heraus, was Sie fühlen. Fassen Sie diese Gefühle in Worte. Schreiben Sie sie auf.

Schreiben Sie die gefundenen Worte nicht auf diese
Weise, sondern

schreiben
Sie sie
so

Schreiben Sie die Worte
die Sie hervorheben möchten
in extra Zeilen
vergessen Sie alles
was Ihnen in der Schule
über Poesie
beigebracht worden ist

Tun Sie das drei- bis viermal. Geben Sie nicht auf.
Schließlich wird ein Gedicht daraus. Wirklich.
Regel 1: Die einzelnen Zeilen müssen sich nicht reimen.
Regel 2: Ehrlich und klar ausgedrückte Empfindungen
– ergeben Poesie. So einfach ist das.

89

Freuen Sie sich!

Seien Sie so oft wie möglich, so lange wie möglich, so intensiv wie möglich: glücklich, gutgelaunt, fröhlich, froh, entzückt, albern, lustig.

Vielleicht empfinden Sie Schuldgefühle, wenn Sie trotz Ihres schweren Verlustes Freude empfinden. Aber Sie sind nicht treulos, wenn Sie Ihr Leben leben. Denken Sie daran: Zu leben heißt Freude er-leben.

Mit diesem Gedicht
küsse ich dich
in Gedanken

90

Spaß am Entdecken

Während des Wachsens kehrt Ihre Entdeckerfreude
zurück. Sie sind wieder aufgeschlossen und nehmen Ihre
Umwelt und Umgebung bewußt wahr. Das Gefühl
kindlichen Staunens, das Ihnen zeitweise verlorenge-
gangen war, ist wieder da.

Genießen Sie es.

Sonnenuntergänge und Kinderlachen. City-Boulevards
und Landstraßen. Das Staunen über »diese Zeit, die man
Leben nennt«. Die Zeit des Staunens braucht nie zu
Ende zu gehen.

Der kosmische Tanz
zu himmlischen Klängen
freie Form innerhalb
klar umrissener Muster

ein überwältigendes Bild
von einem Künstler erschaffen
dessen Bekanntschaft ich hoffe
eines Tages zu machen

91

Tun Sie etwas für andere

Falls Sie drohen in Selbstmitleid zu verfallen (»Warum mußte das ausgerechnet mir passieren?«), können Sie sich kurieren, indem Sie etwas für andere tun.

* Fahren Sie jemanden zum Supermarkt
* Reparieren Sie einem Freund das Auto
* Stellen Sie sich als freiwilliger Helfer einer sozialen Einrichtung zur Verfügung
* Besuchen Sie Bekannte oder Unbekannte im Krankenhaus
* Putzen Sie einem älteren Menschen die Fenster oder versorgen Sie ihm den Haushalt
* Lesen Sie Blinden vor
* Sprechen Sie mit einsamen Menschen
* Hören Sie Leuten zu, denen wenig Beachtung geschenkt wird.

Geben ist das größte Geschenk, das Sie sich selbst machen können.

Geben sie eine Gefälligkeit nicht zurück, geben Sie sie weiter. Der Augenblick ist günstig, um all die Aufmerksamkeiten weiterzugeben, die Ihnen während der Zeit Ihrer Erholung zuteil wurden.

Wenn ich nehme
bekomme ich

wenn ich gebe
empfange ich

wenn ich geliebt werde
füllt mich das aus

wenn ich liebe
erfülle ich mich

ein unsichtbares Bedürfnis zu stillen
ist das größte Geschenk

92

Genießen Sie Ihr persönliches Wachstum

Nun, da Sie die Krise überwunden haben, werden Sie
* ein stärkeres
* ein verändertes
* ein höher entwickelteres
Ich entdecken.

Sie wachsen und verwandeln sich in ein
* glücklicheres
* fröhlicheres
* unabhängigeres
Ich.

Die Welt da draußen
ist ein Spiegel
der
mein Gutes und mein Böses
meine Freude und meinen Kummer
mein Lachen und meine Tränen
reflektiert

manch einer ist wie ein blinder Spiegel
in dem kaum etwas zu erkennen ist

aber du . . .

dich sehe ich an
und entdecke die Schönheit
die in mir wohnt

93

Ihr Glück liegt in Ihrer Hand

Ihr Glücklichsein hängt nicht von den Erfahrungen ab,
die Sie machen, sondern von Ihrer Haltung gegenüber
diesen Erfahrungen.

Es mag merkwürdig klingen, aber selbst Probleme müssen einen nicht unglücklich machen.

Dies widerspricht unserer Erziehung – es ist uns beigebracht worden, daß wir auf »negative« Ereignisse auch
gewisse negative Reaktionen zeigen müssen.

Nichtsdestotrotz: Wir sind für unser Glück selbst ver-
antwortlich. Das Leben will es so. Warten Sie nicht auf
den Märchenprinzen, das Superweib, mehr Geld, die
richtige Arbeit, vollendete Schönheit oder irgend etwas
anderes.

Hören Sie auf zu warten.

Entscheiden Sie sich dafür, Zufriedenheit zu finden.

Seien Sie glücklich.

Jetzt.

Ich bin würdig
ich bin meines Lebens würdig
mit all dem Guten das es enthält
ich bin meiner Freunde und deren Freundschaft
würdig

unendliches Himmels-Zelt
rauschende güldene Kornfelder
purpurne Berge über fruchtbaren Ebenen
all dessen bin ich würdig

ich bin würdig
über alle Maßen glücklich zu sein

ich bin würdig
zu schaffen
zu empfinden
zu beurteilen

Frieden der Seele
Frieden auf Erden
Frieden im biblischen Tal
Gottes Gegenwart in meinem Leben
ich bin dessen würdig

ich bin meiner Liebe würdig

94

Geben Sie eine Party!

Geben Sie ein Fest, um Ihr Überleben zu feiern.
Laden Sie all die Menschen ein, die Ihnen geholfen haben zu überleben, zu heilen und zu wachsen. Bitten Sie Ihre Gäste, Freunde mitzubringen (eine ausgezeichnete Möglichkeit, neue Menschen kennenzulernen).

Wenn Sie nicht gerne Partys geben, bedanken Sie sich auf andere Art bei all jenen, die Ihnen in dieser schwierigen Zeit geholfen und Sie unterstützt haben. Schreiben Sie ihnen, machen Sie Geschenke, die Ihnen angemessen erscheinen, bedanken Sie sich mit einem Blumenstrauß.

Denken Sie daran, wie wertvoll die Hilfe war, die man Ihnen zukommen ließ, wenn Sie Menschen begegnen, die ebenfalls Hilfe brauchen.

Loben Sie sich selbst für die Arbeit, die Sie geleistet haben. Sie haben allen Grund zu feiern.

WIR BEGLÜCKWÜNSCHEN SIE!

Meine Liebe und Gottes Licht
mögen dich begleiten

bei allem was du bist
bei allem was du tust